名师名校名校长

凝聚名师共识
回应名师关怀
打造名师品牌
培育名师群体

耕耘在
希望的田野上

农村幼儿园建设
与学前教育研究

吴彩莲 / 著

吉林文史出版社

图书在版编目（CIP）数据

耕耘在希望的田野上：农村幼儿园建设与学前教育
研究 / 吴彩莲著. — 长春：吉林文史出版社，2022.10
ISBN 978-7-5472-9057-6

Ⅰ.①耕… Ⅱ.①吴… Ⅲ.①农村—幼儿园—管理②
学前教育—教育研究 Ⅳ.①G617

中国版本图书馆CIP数据核字（2022）第187504号

耕耘在希望的田野上：农村幼儿园建设与学前教育研究
GENGYUN ZAI XIWANG DE TIANYESHANG：NONGCUN YOU'ERYUAN JIANSHE YU XUEQIAN JIAOYU YANJIU

著　　者：吴彩莲
责任编辑：戚　晔
封面设计：言之凿
出版发行：吉林文史出版社有限责任公司
电　　话：0431-81629369
地　　址：长春市福祉大路5788号
邮　　编：130117
网　　址：www.jlws.com.cn
印　　刷：北京政采印刷服务有限公司
开　　本：170mm×240mm　1/16
印　　张：12.5
字　　数：225千字
版印次：2022年10月第1版　2022年10月第1次印刷
书　　号：ISBN 978-7-5472-9057-6
定　　价：58.00元

活到老学到老，做一位有"长流水"的老师

俗话说，活到老学到老。要给学生一杯水，老师不仅要有一桶水，还要有长流水，长流水就要不断持续学习。教师工作很辛苦，但教师工作也充满了快乐。在学生成长的同时，我自己也在成长。从教的过程让我明白，学习不但是学生的事情，更是我们老师的事情。时代在进步，这也需要让自己跟上时代的脚步，所以我也积极参加各种培训，与时俱进，提升自己。我先后参加了函授本科学习、管理课程学习、各种专业培训、教师技能培训、新教育培训等。幼儿园给了我许多学习和锻炼的机会，我也有幸随着幼儿园的发展渐渐成长起来，在教学理念、教学方法、教研科研等方面有了很大提高。我从刚毕业时的新手逐步成长为一名在工作中努力拼搏、不断进取的教坛新秀，进而成为经验丰富、言传身教的老教师。

我的学习、培训经历如下：1991年7月毕业于湛江市幼儿师范学校，幼师专业；1998年12月毕业于湛江师范学院，汉语言文学专业；2014年6月毕业于华南师范大学，公共事业管理（教育管理）；2009年7月参加广东省幼儿园园长任职资格培训学习；2012年10月参加教育部国培计划幼儿园骨干教师培训学习；2014年12月参加湛江市第二批"名校长"培养对象培训学习；2016年10月参加广东省"强师工程"中小学幼儿园园长高级

研修培训项目学习；2018年11月参加广东省教师资格考试面试考官培训并取得合格成绩；2018年11月参加湛江市幼儿园办园行为督评能力提升研修班学习；2019年6月参加广东省"强师工程"幼儿园卓越园长高端研修项目学习；2019年7月、2020年7月参加中小学幼儿园心理健康教师执教资格培训，并获得执教C证、B证资格；2016年9月参加湛江市省级骨干校长培训，并于2017年9月作为湛江市省级骨干校长培养对象赴台交流学习，2020年结业；2020年10月参加教育部幼儿园园长培训中心组织的全国幼儿园骨干园长高级研修班学习。2021年我被评定为广东省名师工作室主持人。我用自己的专业智慧殚精竭力地引领麻章区幼教工作后来居上，为办人民满意的幼教，不忘初心、牢记使命，带着梦想绽放，心怀执着前进。

结下不解之缘，甘当农村幼教的拓荒牛

似水年华已在风雨中姗姗而过，这31年里有太多太多美好和难忘的回忆……1988年夏，小学加初中，寒窗九年苦读，尽为中考一搏。但我窘迫的家境与我的大学梦想就像两条平行线，永远也没有交点。在这个关键时刻，经过深思熟虑，我选择了放弃高中，重新制订了自己的目标，选择了幼师学校。从此，我就与幼师这一职业结下了不解之缘。

我选择幼师专业，是因为我喜欢看孩子们天真烂漫、纯洁无瑕的笑脸，喜欢听孩子们奶声奶气、充满稚气的童声；更喜欢看到孩子们在我的呵护下一天天健康快乐地成长。怀揣着自己的理想与抱负，1988年9月，我来到湛江幼师（廉江师范第二届幼师专业），在这里，如饥似渴地沉醉于知识的天堂；在这里，放飞我的青春梦想。有人说，青春要在高中、大学里度过才会有意义，否则这书算是白念，学也白上了。其实不然，我认为只有选择适合自己的道路才会让青春更加绚丽多彩。三年中，湛江幼师是我快乐的家。

1991年我从湛江幼师毕业，怀揣青春梦想，回到家乡麻章区湖光镇中心幼儿园（前身是湖光中心小学学前班）任教，从教师—教研组长—业务副园长，一干就是22年。一年四季无论刮风下雨还是天寒地冻，我早出晚归，从不迟到，每天以最好的姿态迎接孩子们。我努力钻研教材，备好每一节课，上好每一堂课，抓好抓实每一个教学环节，在细节处显功夫。这段农村幼儿园工作经历是我情定幼教的人生财富。

2013年9月，我被调入麻章镇中心幼儿园，同时被任命为麻章镇中心幼儿园园长。我视工作为己任，视孩子如己出，以身作则，始终奋战在教学第一线。麻章镇中心幼儿园基础差、底子薄，幼教专业人才稀缺，我一直充当麻章幼教的"开荒牛"，走班带教、捆绑结对，手把手地指导教师们如何设计与组织活动、如何环创与区域创设、如何有效观察幼儿、如何关注幼儿的"哇"时刻、如何让幼儿成为活动的主人……乐不思蜀地耕耘在贫瘠的农村幼教土地上。

从农村到城区，我感觉压力山大，一边学习一边摸索。我有着"夸父"般的勇气和行动，努力使自己成为岗位上的一张名片、一个品牌，一名专家型的教师，为谋农村幼教高质量发展奉献自己的毕生精力。2013年，我一接手麻章区中心幼儿园，就给自己制订了阶梯性办学目标：一年上"区一级幼儿园"，三年上"市一级幼儿园"。2016年，在全体教师的共同努力下，我们实现了阶梯性目标。现在幼儿园已结出多项办学硕果，成为湛江幼教的一道亮丽风景线。

目 录
CONTENTS

第一章　成长
三十一载风雨兼程，忙忙碌碌已过半生

第二章　教学
激发学习的兴趣，分享成长的乐趣

第三章 保育
培养孩子良好习惯，让孩子受益终身

第四章 教研
做新课改的弄潮儿，当新时代的传导者

第五章 管理
以人为本用心呵护，撑起一个美丽起点

成长

三十一载风雨兼程，
忙忙碌碌已过半生

第一节

痴爱幼教事业，
坚守平凡岗位三十一载

平凡的人生与平庸的人生是不同的，平凡中往往更体现着生命的真谛，当我们追求到了所谓的伟大的时候，却发现其实重要的仍然是那些平凡的事。

我曾经为自己的将来做过许多梦，可是从来不曾梦想过要当一名教师。我是一个不被人羡慕的"孩子王"，不过我并无怨言，甚至感到满足。因为我在孩子们中得到了别人无法感受到的乐趣，在孩子们中就仿佛在四季中选择了春天，一张张芬芳稚嫩的笑脸，像朵朵蓓蕾，清新馨香，让我心为之坦然，神为之怡然，情为之盎然……

蓦然回首，做"孩子王"已有三十一载，我没有轰轰烈烈，只是把自己的一颗心奉献给了最亲最爱的孩子们。

一、全心投入，给孩子一份责任

每个人都说自己全心投入工作，我也是如此，但真正体会到投入工作的快乐，还是在我工作后的第十个年头。

那年我担任大班教研组组长，在四月中旬接到区里通知，六月份要举行大型团体操比赛，要求全体幼儿都参加，算算时间只有一个半月，时间太紧了。这期间要选材、找音乐、编动作、做道具、排练幼儿、变换队形，谈何容易。于是我带领教研组人员，经过多次探讨，终于确定选择《葵花操》。题材确定后，马上分工，两个人负责编排动作，一个人负责教授幼儿，我负责找音乐。俗话说，画龙要点睛，否则它是一条瞎龙。所以音乐是关键。在经过无数次推敲，无数次的录音之后，我终于确定了音乐，并且把它们——衔接、搭配成一支完整的音乐。接下来的日子是紧张而忙碌的，老师一个动作一个动作地教，在孩子学会之后合音乐，反复如此，老师的嗓子喊哑了，就用哨子代替，更想不到的是我突然发起了高烧，全身酸软，面如黄纸，真想歇几天，可是时间是那么紧迫，不行！我必须得上班。于是我早点儿去打完点滴，我继续去上班。三天之后我退烧了，懂事的孩子们也看出了我是带病工作，烈日下，孩子们拿着自己的水对我说："老师，您喝点水吧，注意休息，您放心，我们一定好好练习。"多么可爱的孩子，感谢你们的关心，老师再苦再累也心甘。

当比赛得出结果，《葵花操》获得特等奖时，我再也控制不住自己的感情，激动地哭了。十年了，每一次任务我都是全心地投入，忘我地工作，唯独这次感触最深。那是品尝过酸甜苦辣之后的欣慰，那是喜悦之后的泪水，那是忘掉自我、融化自我、全心投入后的快乐。我真切地感受到了什么是全心投入，那种快乐，只有真正用心去做的人才能体会得到。所以全心投入，永远快乐！

二、以身作则，给孩子一个榜样

法国作家卢梭说过："榜样！榜样！没有榜样，你永远不能成功地教给儿童以任何东西。"罗曼·罗兰也说过："要撒播阳光到别人心中，总得自己心中有阳光。"我想，我们每位教师就如同这里的"榜样"和"阳光"。俗话说，信其师，则信其道；信其道，则循其步。喊破嗓子不如做出样子，所以说教师是旗帜，学生如影随形地追着走；教师是路标，学生毫不迟疑地顺着标记前行。

多年的工作经验，使我体会到教师在孩子心中的分量。孩子的心灵是一张白纸，教师的言谈举止是他们模仿的对象。记得在小班的时候，孩子们有带零食、带钱的现象，为了培养幼儿良好的饮食习惯，我不厌其烦地为幼儿讲道理，可收效甚微。有的孩子说，老师还吃东西呢！我顿时无话可说，还有什么理由去说孩子呢？于是，我马上向全体幼儿道歉，请幼儿监督自己，自己要做幼儿的榜样。一段时间后，果然没有孩子再带零食和钱了。由此，我时刻注意自己的一举一动，孩子是一面镜子，它可以让你看清楚自己，凡是要求孩子做到的，教师必须以身作则，做出榜样。

三、学会欣赏，给孩子一份信任

远远地像欣赏一道美丽的风景一样欣赏孩子，你会悟出许多道理。在孩子的眼中，老师是神圣的、伟大的，还是威严的。他们在你面前也许唯唯诺诺、有所顾忌，而当你有意回避后，远远地去欣赏他们，你会觉得孩子多么有趣。

自由活动开始了，有的幼儿一起玩卡片，有的幼儿找蜗牛，有的幼儿学跳绳，玩得不亦乐乎。不一会儿，玩卡片的孩子有了争执，我并没有马上去解决，而是远远地静观其变。其中一个幼儿跑过来向我告状，我并没有告诉他应该怎么做，而是让他自己去解决。这个孩子思考了一会儿就回去了，不一会儿，问题解决了，他们又在一起玩儿了起来。我不知道他是用什么办法解决的，但我知道他一定动用了聪明和智慧，化解了一场小小的冲突。我觉得孩子们真的长大了，他们有思想、有主见，只是我们大人平时不给他们机会罢了。

四、善于发现，给孩子一次机会

每一个孩子都有自己的长处，作为教师，我们要善于发现孩子们的"闪光点"。从闪光点入手，因人施教，多给孩子们以鼓励和沟通交流，激发幼儿的自信心，帮助幼儿踊跃地表现自己。

每个孩子都是天使，作为老师首先要相信这一点。无论幼儿有这样那样的缺点，你都应爱他，包容他，给予他鞭策和鼓励，让他继续保持天真与无邪，闪光点便会在他的成长中自然而然出现，你便会发现他的与众不同。

记得那次在大一班活动，休息时我和一个小朋友聊了起来。"你在玩什么？""玩卡片""卡片好玩吗？""好玩""怎么玩呢？""它可以飞，飞起来的时候像流星、像蝴蝶、像风筝、像飞机、像孙悟空，还像蝗虫……"天哪！一个小小的卡片，居然能让孩子的想象力如此地丰富。于是我接着问他："你想飞吗？"他说："当然想飞了，可就是飞不起来。""那么你想想怎么能飞起来？""嗯，买个老鹰的翅膀插上就飞起来了，飞上天去告诉乌云，让它下雨，因为好多地方没有水，地都裂了那么大的缝，我还想告诉所有的人，都要节约用水。"听！多么稚嫩的语言。这个在老师的眼里特别调皮的孩子，竟有如此的责任感，我开始自责，带他三年了，我为什么就一直没有发现他的可爱之处？其实每个孩子都有他的闪光点，只是平时我们不以为然，没有用心去发现。从那以后，我时时刻刻注意每一个孩子的一切，从中发现了许多平时所不了解的东西。真的我好感动，发现让我重新认识了自我，认识了孩子。

可见我们在日常生活中多注意、多观察，给孩子一次表现的机会就可以改变孩子的一生。

五、学会赏识，给孩子多些鼓励

因为学会了发现，所以还要学会赏识，不要吝啬说赏识的话，它是幼儿充满自信的源泉。

记得刚开始接触国语时，幼儿只是感到好奇，却听不懂老师在说什么，也不肯和老师配合。于是我就告诉幼儿："国语并不可怕，我们每个小朋友都能战胜它，我相信，咱们每个小朋友都是最棒的，只要你张嘴大声说，你就战胜它了！老师也不会，也是刚学，咱们一起比赛，看谁最先学会，好吗？"在我多次的鼓励与赏识下，幼儿终于对国语逐渐产生了兴趣，并且能愉快地接受它，一些平时不太出色的孩子，在老师的赏识下也露出了锋芒，表现出了极高的接受力，张玉磊就是典型的一个，现在学国语非常认真，并且还鼓励新入园的小朋友，当起了小老师。由此我认识到，赏识会改变孩子的一切，会让幼儿充满自信，挑战自我，超越自我，让幼儿终身受益！赏识的运用，给我带来了极大的帮助，使我的各项工作很快就能展开，赏识发掘了幼儿的优点，增强了幼儿自信，我将永远运用它。

六、用心去爱，给孩子一个拥抱

爱是教育的基础，"爱"是一个动词。教师用心去爱，孩子不一定能够感觉到，但给孩子一个大大的拥抱，有了肢体的接触，孩子总是灿烂如花，心境立马会变得轻松、愉快。

拥抱让孩子更自信。一直以来，我们都在寻找让自己，孩子更自信的方法，不管是行为引导，还是心理暗示，效果都很一般。事实上，要让孩子更自信的前提，是要先了解孩子为何自卑？有些孩子可能是先天的性格原因，还有些孩子可能是遇到一些变故导致了自卑的心理。这时候，我们需要做的事情不是马上追问其精神状态不佳的原因，而是要给孩子一个充满爱意的拥抱。当孩子的情绪稳定下来之后，我们再轻言细语地了解事情原委。

拥抱让孩子更有安全感。事实上，所有孩子都是极度缺乏安全感的。他们年龄还小，尚不具备妥善处理突发事件的能力，所以当他们独自应对生活中的事物时会显得很慌张。如果长期处于这种状态，那么孩子的心理健康将会受到很大的威胁，最终会在不安全感的包裹下长大成人。这样的人，在面对未来生活中的种种"大场面"时，会不由自主地怯场害怕。所以我们可以经常拥抱孩子，给予孩子更多的安全感，让他在面对任何事情时更有"底气"。尤其是当孩子需要面对一些如歌唱比赛、诗歌朗诵之类的"大场面"时，我们给他们一个深情的拥抱比说再多鼓励的话都有效。

七、放飞心灵，给孩子一片天空

"生活即教育""教学做合一""社会即学校"等教育思想，是陶行知教育精神的精髓。随着素质教育的全面普及，陶行知教育精神对幼儿园的教育工作具有重要的引导作用。他创立的生活教育论强调加强教育的生活实践性，要让教育与生活实际结合起来。这对幼儿园的教育工作具有指导性意义，要求幼儿园教师为孩子创建生活化的课堂环境，结合孩子的具体情况，合理安排课程内容。

做了多年的教师，我常有这样的感受，一个活动师生全情投入，配合默契，不仅教学任务完成得顺利，而且整个身心得到了快乐的享受。这就好比演员演了一部好戏，得到了观众的肯定。那种被承认的感觉自是美妙无比。

为庆"六一"，孩子们和老师一同策划了"儿童节周"：周一玩孩子们最喜欢的"大自主游戏"，小朋友们带上自己最爱的玩具，在园区任意场地玩；周二孩子们既变身"服装设计师"，又做自己的"模特"；周三举行"游园会"，整个幼儿园变成一个游乐场，孩子们仿佛置身于闯关游戏中……最让我久久不能忘怀的是小朋友们的T台秀，在老师们的引领下，小朋友们随着节奏极强的音乐，穿着自己设计、裁剪出的衣服，走上T台，赢来家长和小朋友的阵阵掌声，我也热泪盈眶。

现在，随着教育理念的更新和主题活动的不断深入，孩子们获得了越来越多走出课堂的机会，越来越多地接触到更新鲜的事物，对陌生环境充满了好奇和探索的欲望，他们尝试着与自己不熟悉的人进行交流，寻找自己需要的信息和资料。作为教师，我们应该帮助孩子走出"小课堂"，带领他们到更广阔的环境中去放飞心灵，这将会让他们受用终生！如果你真的懂孩子、尊重孩子、放飞孩子，他的人生会是一个奇迹！希望这里培养出的孩子都能有一个美好的童年，也希望他们都成为独立自主、自信自强、适应社会的孩子。

八、提升境界，让心态永远年轻

记得曾有人这样问我："做幼儿园教师你真的幸福吗？"不少人习惯于把教师比作蜡烛、人梯、春蚕、铺路石，把教师的劳动与这些牺牲者、悲苦者的形象相连，于是便有了感慨："当老师有啥意思？"而我认为，老师应该有老师的境界，老师更应该有老师的情怀——"传道受业解惑""舍我其谁？"

与孩子们相伴了几年后，我与他们几乎难舍难离。的确，幼教工作十分平凡，然而不少同事几十年如一日，把自己的青春和精力全部奉献给了孩子，这就很不平凡！

当我们从浮华的嘈杂声中静下心来慢慢品味幼儿教育带给自己的种种快乐时，我们惊奇地发现，原来自己就沉浸在幸福的海洋里！面对这份幸福，我骄傲、我激动、我更加难忘……

如果生命再给我一次选择的机会，我依然会执着地选择幼儿教师。因为徜徉在孩子们中间，我的生活天天幸福，我的生命永远年轻！

九、学会反思，让自我得到提升

随着新课程改革的不断推进，幼儿教师的专业发展越来越得到重视。教学反思也越来越受到大家的关注，被认为是"教师专业发展和自我成长的核心因素"。

对教学经验的反思其实是一种思考教育问题的方式，是教师在教学实践过程中发现问题、思考问题、解决问题的一种行为，是教师对自身教学观念、行为与思维方式的再认知、再创造的过程。我比较喜欢写反思日记，运用反思对教学过程进行监控分析并解决教学中的问题，从中获得了专业成长。

1. 重视教学前的反思，预设教学的精彩

《幼儿园教育指导纲要》（以下简称《纲要》）指出，教育活动内容的选择应既符合幼儿的兴趣和现有经验，又有助于形成符合教育目标的新经验；既贴近幼儿的生活，又有助于拓展幼儿的经验。只有对幼儿的经验多一分了解与思考，教学活动的质量才会多一分保证。

教学前的反思，重在预设教学内容、教学策略和教学过程。一是反思教育活动的价值和目标，我为什么要选择这个内容，为什么要在这个时候选它。开展这个活动对孩子有效发展的价值在哪里？开展这个活动能解决什么问题。我期望达到什么样的目标。我可以选用哪些关键的素材和资源？二是反思幼儿的经验，如这个活动符合幼儿现有经验吗？幼儿的经验怎样才能得到充分的交流展示？

例如，韵律活动"顽皮的小绅士"，活动预设目标为：学习用右脚起步，有节奏地跟随音乐走踢踏步，发现并明确手套在舞蹈队形交换中的提示作用，能够在手套的提示下及时地转换动作和交换舞伴。虽然这是一个有难度的双圈舞，但孩子们在道具"手套"的提示以及我适度的身体语言提示下，比较轻松地解决了"交换舞伴"这一活动难点。当我又一次组织另一批孩子开展这个韵律活动时，却遭遇了孩子们不会"交换舞伴"的尴尬，原因在哪里呢？整个教学过程都是一样的，为什么会出现截然不同的效果？经过反思，我发现了我的致命错误。我在第二次教学前疏忽了对幼儿已有经验的思考。第一批孩子有过跳双圈舞的经验，所以他们非常轻松地完成了"面对面交换舞伴"的任务；而第二批孩子没有这样的经验，教学效果当然就不一样了。

两次教学活动的反思日记，让我清晰地认识到教学准备工作的重要性，也让我学会了如何去思考预设教学，以及预设教学的作用。

2. 重视教学中的反思，追求教学的活力

在教学中进行反思，是一种难度较高的瞬间反思，实际上是教学智慧的集中体现。它要求教师在教学中时刻关注幼儿的学习过程，关注方法手段以及目标达成的效果，并随时捕捉教学中的灵感，及时调整组织教学的方法，做到教学灵活，巧妙调控，使课堂效果达到最佳。

教学中的反思一要关注活动中的偶发事件，运用瞬间反思对孩子们的表现做出价值判断，调整预设计划，灵活地应对；二要关注幼儿对教师预设问题的反应，即刻反思并调整自己的提问内容和提问方式，如在组织大班歌唱教学活动"小蚂蚁避雨"时，我设计了幼儿分角色演唱的环节，这激起了孩子们强烈的表演兴趣，以至于孩子们表演结束后依旧兴奋不已，彼此大声交谈，使我无法组织下面的集体游戏活动。面对这样的状况，我意识到，孩子们急于分享表演中的感受，便改变了预设的活动流程，让孩子们相互用动作表现"小蚂蚁"的兴奋之情。果然，孩子们马上做出了夸张的表情和动作，迅即安静下来。很快，我就带着他们进入了集体游戏的环节。

对于教学中的反思，让我再一次清晰地理解了《纲要》所倡导的新理念——教师应关注并敏感地察觉幼儿在活动中的反应。当按计划进行的活动或提供的材料不能引起所期望的反应时，应主动反思，寻找原因，及时调整活动计划或教育行为，使之适合于幼儿的学习。

3. 重视教学后的反思，提升自身的专业水平

教学后的反思能够让我们取"好坏"，得"扬弃"，求"纠正"，促

"提高"，是找出原因和解决问题的捷径，是实践经验的系统化、理论化过程。一是反思成功经验。我常常反问自己：活动达到预设的教学目标了吗？课堂教学中我临时调整了哪些得当的措施？在这个活动中我渗透与应用了哪些教学思想、方法？教学方法上有什么新的突破？有哪些偶发事件让我产生了瞬间灵感？幼儿在课堂上提出了哪些独特的见解？我在反思日记中记录这些思考的问题，以求不断地改进、完善自己的教学技能。二是再次修正教案，回顾、梳理好的教学方法，总结、反思失败的原因，找出解决问题的方法。我常会静心反思：本节课摸索出了哪些教学规律？教法上有何创新？知识点上有什么新发现？组织教学方面有何新招术？启迪是否得当？我及时记下这些得失，并进行必要的归类与取舍，然后写出"再教设计"。这样可以做到扬长避短，精益求精，并逐渐形成自己的教学风格，凸显自己独特的教育思想，把自己的教学水平提高到一个新的境界和高度。

实践证明，教学反思是一种促进教师改进教学的有效策略，是不断提升自己教学水平、提高教学质量的好方法，是教师获得专业化发展的有效途径。在反思中成长，我正不断地努力着。

十、不断求知，实现一次次飞跃

时代在不断发展进步，人的思想也要不断改变，除旧布新，紧跟时代潮流，如果谁还停留在以前的思想上，那终究会被抛弃。请敞开自己的心扉，接受这个变化万千的世界，不断地努力追求新知识，让自己有一个大的飞跃。

我是一位普通的幼师，在幼儿园工作了31年。在我的世界里是天大地大孩子最大。"孩子是天，我是云"，为了天空的纯净和美丽，我每天坚持不懈地行走着。早上我6点半出发，7点半到校，入园后热情地跟孩子们打招呼；傍晚离园，给他们一个大大的拥抱。日复一日，年复一年，无论寒冬酷暑，无论风吹雨打，默默扎根农村。我在乡村幼儿园工作了22年，一个人的成长经历过一些什么只有自己才清楚，酸甜苦辣，个中的滋味说不清，道不明。但沉淀下来的是沉稳的处事方法方式和近乎痴迷地热爱幼儿教育事业。

我最要感恩的人是黎俊生局长，是他给我机会，让我走出乡村，有了更广阔的天地，学习了更多前沿的教育理念。2013年我被调到麻章镇中心幼儿园，参与了该幼儿园的创办、发展、壮大、成熟等每一个阶段。我一直不忘初心，牢记"让更多的孩子享受专业的学前教育"的工作理想，我愿用一切可用的资源，让这些可爱的农村孩子快乐成长，但我不知道怎样将在城市学到的理念用到农村。

怎样建立一个稳定的、能够经常性指导村级园教师发展的专业平台呢？2021年，我被评为广东省名教师工作室主持人，与城区、乡村幼儿园结对，进行专题研修、教学成果展示、带课下乡等。比如，村级园教师觉得缺材料，游戏开展困难，工作室就会通过教研引导他们充分利用本土资源让孩子玩起来，如松果，可以玩建构游戏，可以进行排列组合、科学探索……教研结束，教师马上就能"活学活用"，彻底改变了村级园的教学组织形式。在此之前，村级园孩子多，教师少，为确保安全，教师只敢组织集体教学活动，"小学化"现象在一定程度上存在。但通过工作室的引导，村级园教师知道了怎样提供材料，怎样组织游戏，"小学化"的现象也慢慢消除了。

"送东西不如送理念，送爱心不如手把手教。"联动帮扶最大的价值在于，科学的教育理念被送到了农村园。这样，即便帮扶者走了，农村幼师与孩子也能一直受益。其实，无论是名教师工作室的示范，还是城乡协作教研，抑或是城乡"一对一"联动帮扶，虽然出发点各不相同，但有一个共同点，就是发挥乡镇中心园的核心作用。

2021年我开始探索"镇带村，镇村一体化"的教研模式，把科学的保教理念、知识、技能源源不断地输入农村园，农村园教师的环境创设能力、游戏组织能力、活动设计与实施能力等，都得到了提升。实际上，这并非巧合。《国家中长期教育改革和发展规划纲要（2010—2020年）》就明确提出，要发挥乡镇中心幼儿园对村幼儿园的示范指导作用。经过连续三期学前教育行动计划，各地乡镇中心园得到了迅速发展，无论是园舍条件还是师资配备，乡镇中心园都汇集了当地的优质资源。因此，我认为，政策的要求和现实的需求已经把乡镇中心园推到了影响农村教师专业发展的重要位置。"要让每一所乡镇中心园的每一位骨干教师都发挥教研指导作用，实现村级园'园园有人管，教师人人有指导'。"

"栽培剪枝唯竭力，桃李茂盛尽繁荣"。31年来，我不停地探索，甘为人梯，不管我是风华正茂，还是双鬓斑白，我的眼中都闪烁着一种孜孜不倦的求索，兢兢业业育才的执着。因为我始终相信：坚守梦想，才能走得更远。

第二节

筑牢政治长城，
做一个敢追梦的幼师

66 梦想从学习开始，事业从实践起步"。2019年1月1日，中宣部"学习强国"学习平台正式上线，这是推动习近平新时代中国特色社会主义思想深入人心、推进马克思主义学习型政党和学习型社会建设、满足互联网时代学习需求多样化个性化智能化便捷化的创新举措。2019年，全国掀起"学习强国"的学习热潮。我带领全园教师下载了"学习强国"这款魅力十足的App（应用程序），利用碎片化的空余时间，每日打卡，主动学习，每日徜徉于它的"海量"，我还带领我的老师们开展了"学习强国"诗词朗诵会，用最走心的声音向祖国表白——"我自豪，我是中国人民教师"。我还组织了"学习强国"知识竞赛，日日晒学习积分，月月分享学习心得。老师们利用在"学习强国"中学到的知识，在工作中讲奉献、比能耐。大半年来，"学习强国"的学习让老师们的师德实现了从掌心到心尖再到行动的华美蜕变，老师们在"学习强国"的学习中坚定了理想信念，提高了政治站位，厚植了爱国主义情怀，大家在平凡的岗位上以高远的志向，砥砺奋进的劲头去努力工作，去诠释自己的核心价值观，挥洒汗水去追梦、圆梦。"学习强国"不仅是我们加强师德建设的加油站，也是我们"朝夕相伴"的良师益友，更是我们追梦的指路明灯。我感慨新时代"学习强国"的学习模式给我工作上带来的便捷，我也在"学习强国"中找到了教育的诗和远方……

一、用"俯首甘为孺子牛"的责任担当去育好祖国未来的接班人

在"学习强国"的"人物"板块，我学习了许多时代楷模动人的故事，有"双百"人物，有道德模范……他们个个是时代的精神坐标，是人民公仆的典型与化身。他们动人的事迹催人上进，激励鼓舞时代的人儿向他们看齐。我要以他们为榜样，用"俯首甘为孺子牛"的责任担当去育好祖国未来的接班人。30年来，我一直从事幼教工作，不仅是出于对这份职业的忠诚，更是源自更深层的爱。曾几何时，我有多次离开幼教岗位的机会，但我始终没有选择离开。我深知，不忘初心，奋勇前行，必须有奋斗的勇气、奉献的精神和坚定的决心，还要付出更大的劳动和精力。我是这样想的，也是这样干下来的。我自2013年被任命为麻章镇中心幼儿园园长以来，深感责任的重大。我常常是第一个到园，最后一个离园，甚至以园为家，有时周六周日寒暑假也回园处理事务。由于长期拼命地工作，我终于积劳成疾。2017年7月，我生病住院了20多天。出院之后手术伤口还没全好，我就回幼儿园上班了。我放心不下刚刚建起的幼儿园，它如"婴儿"需要我的悉心照顾才能茁壮成长一样；我放心不下那些单亲家庭的孩子，想给他们送去更多的温暖；我放心不下那些留守儿童，想给他们送去

无尽的陪伴；我放心不下那些家庭贫困的幼儿，想给他们送去暖心的资助。我用心、用爱、用真情投入工作，想让这些小小的"中国梦种子"在我们这些追梦人的阳光雨露滋养中拥有一个健康积极的中国梦。

二、用"海纳百川，登高致远"的教育情怀去书写幸福教育人生

"学习强国"使我读懂了人民教师的使命和初心，激励着我继续扎根农村幼教工作并贡献自己毕生的精力。我将"办好人民满意的教育"作为自己的奋斗目标，不断做梦、追梦；尊重每一个生命（包括老师）的个性化成长，关注每个生命当下的发展；面对资质禀赋不同的幼儿和老师，我能用耐心、细心和宽容心去发现他们的力量，相信和静待他们都能绚烂绽放的那一天；用科学发展观和平常心去理性看待教育的问题。只有这样，才能真正收获教育的幸福感和获得感。

中国梦，是一个主流的关键词，它开启了亿万中国人的梦想。农加贵——"学习强国"人物板块的榜样人物，他不顾家人的反对，一毕业就选择到了偏僻贫困的乡村去教书，一教就是30年，他一个人支撑一所学校，用奉献和坚守诠释了一名乡村教师潜心教书、无私奉献的诚朴品质，他用毕生的精力去坚守自己的教育梦。"学习强国"的学习使我学会用全局的视角和发展的眼光去观察和处理问题，在平凡的教育岗位上努力使自己站得更高、看得更远、想得更深、做得更好。有了"学习强国"这个思想宝典、精神食粮，我在幼教路上更加朝气蓬勃，努力奔跑。我常常以时不我待的精神去强化学习、持之以恒，用"学习强国"的知识去奋斗、去追梦，去书写幸福人生与教育事业的"诗和远方"。

三、用"咬定青山不放松"的坚韧不拔去做幼教路上的追梦人

30年如一日的孜孜不倦，幼教路上的挥汗洒泪，蓦然回首，努力到感动自己的奋斗追梦镜头历历在目，不要讴歌，不要礼赞，在幼教的一线默默耕耘、无私奉献我无怨无悔。我感动自己"夸父"的教育情怀，我感触自己用30年无悔的青春坚守了我的幼教梦想，我感恩自己30年的教育岁月积淀了我的教育智慧、给予我的幸福教育人生。如果重来一次选择，我还会选择我的幼教，因为那是烙进我生命中的生命，是流淌在我血液中的血液。"学习强国"里人们学习的好榜样郑德荣数十年如一日，孜孜以求，用毕生的精力研究和宣传马克思主义的伟大事业，成为中共党史重要的开拓者和奠基人之一；"学习强国"的学习更坚定了我对幼教事业的坚守，并给予我力量和源泉，让我用"咬定青山不放松"的坚韧不拔，一辈子只专注幼教一件事，干一行爱一行，钻一行专一行，做新时代幼教追梦人，用掷地有声、水滴石穿的成事信心，干事劲头去努力奔跑，去追梦、圆梦。

结语

"学而时习之，不亦说乎""不积跬步，无以至千里""学习强国"这些沁人心脾的话语让我痴迷，让学习成为习惯，以学益智、以学修身、以学增才、以学促行。当乔布斯被问领导的职责时，他的回答是"梦的守护者"。中国梦是民族的梦，也是每个中国人的梦。心存梦想、爱学习、勤奋斗。做一个有抱负、有担当的园长。敢做梦，敢为人先；敢追梦，敢不断创新、不断超越，只要追梦，就能梦想成真！

第三节

保持微笑的职业品质，
做一个快乐的幼师

幼儿园阶段是孩子成长的关键时期，老师良好的教育方法可以促进幼儿的身心健康发展。在幼儿阶段，孩子的情绪容易受到老师的影响，因此为了保证孩子的健康成长，就需要我们在幼儿园的管理当中采取微笑管理的方法。

所谓微笑管理是指在日常的管理工作的时候，尽量以微笑的方法来面对管理过程当中遇到的人或者发生的事。在人们之间的情感交流的过程当中，微笑是一种非常重要的方法，微笑它是一种健康的心态，能够拉近交流者之间的距离。

一、微笑管理的重要性

1. 微笑是一种职业品质

对于一个管理者来说，管理者如果能够在日常的管理当中时常将微笑挂在脸上，那么一方面，微笑展现了管理者良好的态度和一种较高的职业素养，另一方面，管理者的微笑常常会感染下属，甚至有时候能够将充满怒气者的怒气消解掉。尤其是在幼儿园的管理当中，管理者面对的常常是一群小朋友，如果能够在幼儿园的管理当中运用微笑管理的方法，那么就会将管理者这份积极健康的生活态度传递给小朋友，为幼儿园营造一种轻松的管理氛围。

2. 微笑管理体现了一种"微笑文化"

据科学研究表明，在人们日常的交往过程当中，周围的人会在不经意间受到其他人的影响，这种现象常常被称为"情绪感染"。因此，如果在管理当中，管理者采用微笑的管理方法，那么管理者就会通过自己的情绪带动周围人的情绪。在管理者的感染下，周围人也将会采用微笑的态度对待其他人，在这种情况下，管理者通过微笑管理就会营造一种"微笑文化"。在幼儿园的管理当中，如果管理者采取微笑管理的方法那么就会在潜移默化中传递微笑这种态度，就会在幼儿园营造出一种"微笑文化"。

3. 微笑管理展现了一种"坚定的信念"

管理者在管理当中，如果能够采用微笑管理的方法，那么就能通过微笑传递出一种积极乐观的工作态度。如果管理者在困难面前运用微笑管理的方法，一方面展现了管理者的"必胜"信念，传递一种困难并不可怕的信号。另一方面，当员工看到管理者的微笑时，就会受到管理者的影响，以积极的心态投入工作当中。在这种情况下，工作人员就会以一种积极的心态对待困难，在很大程度上有利于困难的克服。尤其是在幼儿园的管理当中，我们经常会遇到一些调皮捣蛋的学生，有时候甚至会遇到一些不理解的家长。在这种情况下，如果幼儿园园长能够采用微笑的管理方法，那么无形当中就是对幼儿园老师的理解和支持，就会有利于幼儿园老师以积极的态度投入到工作当中。

4. 微笑管理呈现了一种"以人为本"的理念

"己所不欲，勿施于人"。微笑是人与人之间最好的一种语言，微笑展示的是一种友好的态度，是一种对人的尊重。因此，管理者在管理中坚持微笑管理，展现的是一种"以人为本"的工作理念，传递的是一种友好、真诚的态度。在幼儿园的管理当中，管理者面对的是一群幼儿，在与幼儿相处的时候，必须尊重幼儿的人格尊严。如果违背幼儿的人格尊严，那么将会给幼儿的身心造成极大的影响，甚至会给幼儿幼小的心灵留下阴影，不利于幼儿的健康成长。

二、在幼儿园的管理中践行"微笑管理"的具体要求

1. 用真诚的微笑对幼儿园进行管理

据科学研究表明，当看到微笑的时候，人们会自然而然地微笑。当然，这种微笑必须是发自内心的真诚的微笑，而不是一种矫揉造作的微笑。在微笑的时候，微笑者一定要分场合对待，如果是毫无感觉的假笑，往往会使人产生一种虚伪的感觉。当然，微笑不是一种简单的摆姿势，在微笑的时候，说话的语气也一定要温柔、平缓、和蔼，使自己的微笑和自己的态度和表情能够做到协调一致。在幼儿园的管理当中，幼儿园园长也应该用真诚的微笑对待身边的人。无论是与老师进行交流，还是与幼儿进行交流，幼儿园园长都应该用真诚的微笑和周围的人进行交流。在进行交

流的时候，幼儿园园长还应该注意自己的说话方式和处事态度，尽量做到说话时语速慢，态度亲切，这样才会受到小朋友们和老师们的欢迎。

2. 用包容的微笑对幼儿园进行管理

在生活当中，各种各样的事情都会发生，所以意外也是不可避免的。当遇到一些人的无心之过的时候，如果我们能够用包容的微笑的态度来对待，那么犯错误的人会感觉到羞耻，尽量避免下次错误。反之，如果我们在这种时候用批评的态度对待犯错者，那么就会很容易影响犯错误者的心情，导致犯错误者一天都没有好的心情，从而影响工作，导致犯错误者在工作中出错，有时候甚至造成严重的后果。例如，堵车往往会导致一些老师在上班的时候迟到，在这种情况下，如果幼儿园园长能够用微笑的态度对待老师，那么老师就会深受感动，以积极的态度对待工作。

微笑作为一种语言，传递的是一种友好的工作态度。在幼儿园的管理当中，幼儿园园长如果采用"微笑管理"的方法，那么就会营造出一种积极健康的氛围，有利于幼儿的健康成长。

第二章

教学

激发学习的兴趣，
分享成长的乐趣

第一节

学前教育应实现游戏和教育的结合

学前教育实现游戏和教育结合的思考主要从以下几个方面进行论述。

一、游戏是幼儿教育的基本活动

对于幼儿来说，游戏更能激发他们对学习的兴趣。将游戏融入幼儿园教学活动，可以更好地培养幼儿的好奇心，激发幼儿的探索精神，让幼儿在游戏过程中更好地发展智力。通过课堂游戏，幼儿的语言技能可以得到有效提高，还可以学会如何与其他同学相处。

《幼儿园教育指导纲要（试行）》（以下简称《纲要》）强调幼儿园以游戏为基本活动。目前幼儿园存在两类游戏：一类是幼儿按自己的需要、兴趣充分地表现自我的游戏（以前称为创造性游戏），一类是教师根据教学需要组织的教学游戏。前一类游戏是幼儿自发的，因此能最大限度地满足幼儿发展的需要，更能充分发挥游戏的教育功能。

二、游戏与教育既是独立的又是统一的

在学前教育中，就活动的本质来说，游戏和教育是两种不同的活动。游戏是一种不受外力约束的游戏者自发自选的活动，而教育则是一种有目的、有计划地由教育者对受教育者施加影响的活动。因此游戏是由内在动机控制下的游戏者之间平等的自主活动，而教育是由外部要求控制下的教与学的双边互动活动；游戏侧重于从游戏者的需要、兴趣和能力出发来开展活动，而教育则立足于以教育的目标、任务和内容为核心组织的活动；游戏是在游戏者已有知识经验基础上的自我表现活动，而教育旨在使受教育者在一个未知领域里接受新知识。

《纲要》强调，幼儿园要因地制宜地为幼儿创造游戏条件，借助游戏情境的创设，在尊重幼儿生长发育规律的基础上，将游戏融入幼儿园教育教学活动，达到寓教于乐的目的。因此，幼儿教师要对传统的教育理念进行创新，将"玩"和教育活动进行深入融合，挣脱传统教育理念的束缚和限制，在游戏的过程中不断引导幼儿，全面挖掘幼儿的天赋和能力。

三、游戏要教育化与教育要游戏化的认识

游戏的过程即孩子自我发展的过程，其中隐藏着重要的教育动因，内含着教育方法的契机，因而有着不可忽视的教育价值。因此，鼓励幼儿游戏、提倡教师在教学中运用游戏，是实现幼儿教育素质化的手段之一。幼儿园教育如何实现教育和游戏的结合，也就是如何实现自然状态下的幼儿游戏向教育背景中的幼儿游戏的转化。现实中的这种结合和转化，主要就体现在游戏要教育化和教育要游戏化的认识上。

游戏的教育化，这是针对自然状态下的游戏放任状态而提出的，目的是改变重上课轻游戏的现象，突出游戏在幼儿园教育中的地位，实现游戏对教育的服务功能。具体便落实在用教育目标来关注游戏，以教育的内容和任务来分类组织游戏活动，以儿童游戏的年龄特点为依据，加强对游戏的引导，使游戏对儿童的发展所起的作用能够迎合教育的方向。

教育的游戏化，是针对幼儿园教育日益趋向于小学化而提出的，目的是使心理机能尚未完善的幼儿，不至于过早地承受正规教育所带来的强制性压力，使他们在轻松愉快的活动中发展个性。具体就落实在以游戏的特点来组织教育活动，在教育的过程中谋求游戏般的乐趣，使枯燥的说教变成生动有趣的活动，从而使幼儿获得游戏的心理体验。

四、把游戏融入幼儿园教育教学活动的重要作用

首先，在幼儿园教育活动中融入游戏，有助于幼儿智力的开发。人在成长过程中，总是会玩一些大大小小的游戏，如小时候经常玩的捉迷藏等。在幼儿阶段，幼儿在玩游戏的过程中，更加在乎的是游戏是否好玩，对于游戏的规则并没有明确的认知，这为教师后续对游戏进行创新提供了广阔的空间。幼儿在玩的过程中，身心是轻松愉快的，大脑细胞也比较活跃，小脑袋里经常会冒出一些奇思妙想；而且幼儿阶段的他们始终处于一个不断思考和探索的状态，教师正确的引导有利于提高他们的观察力、想象力和记忆力。

其次，在游戏活动中，教师可以向幼儿渗透品德教育。幼儿喜欢模仿，并且善于模仿，教师可以抓住这一特征，在游戏中培养幼儿良好的品德，如通过模仿身边人的正确行为形成良好习惯。相较于传统的教育方式，这样更加容易让幼儿接受，使他们掌握基本的行为准则。

最后，将游戏融入幼儿园教育教学活动可以全面提高幼儿的素质和能力。在游戏的过程中，幼儿的心理和个性都可以得到良好的发展，而且幼儿的想象力、创造力以及语言表达能力得到了培养。有一些游戏需要同伴之间的相互配合，有利于培养幼儿的团队合作能力以及解决问题的能力。

总而言之，把游戏融入教学活动可以让幼儿在"玩"中学习，在"玩"中成长，在"玩"中有所收获。

五、实施课程游戏化存在的难点

现阶段，推动幼儿园课程游戏化成为一种趋势。但在这一过程中，课程游戏化的效果并不理想，主要原因就是没有将游戏与教育活动进行深层次融合，开展的游戏教育活动只是停留在表面，没有挖掘出游戏本身的教育价值。对于幼儿来说，游戏是很好的学习资源，不但可以丰富幼儿的生活，还可以发展各方面能力，有利于幼儿身心的健康发展。此外，在"玩"的过程中，教师也忽略了幼儿的主观能动性。在开展游戏的过程中，尽管教师针对具体的教育内容设置了特定的教育情境，但是过于扩大了指导的环节，没有遵循幼儿心理发展的规律，也没有给予幼儿足够的空间，最终导致幼儿各方面的能力没有得到充分发展。所以教师要明确幼儿才是教育活动的主体这一重要理念，充分调动幼儿的主观能动性。

游戏的教育化是在幼儿园教育的大背景中认识的，教育对游戏的关注指的是对游戏的客观条件进行有意识的控制。比如：由教师创设游戏的环境，谋求教师对游戏的支持和指导，并不是在游戏过程中引进由教育规范带来的教育的严肃性，而应保持游戏的性质不变。从而避免把教师指导游戏变成教师导演游戏，把幼儿自主的活动变成教师控制的活动。而教育的游戏化，是在具体的教育情景中认识的包括教育的方法、过程、氛围。游戏和教学有相通之处也有不通之处。从教师的角度来说，灌输式教学与游戏不通；从幼儿的角度来说，接受式学习与游戏不通。我们的目的是在教育的情景下谋求游戏与教学的相通。这一相通就是教学的游戏化，即教师利用启发式的教学手段，有目的地诱导幼儿开展探索活动，从而让幼儿自己发现知识。这一过程的组织形式，对幼儿来说可以是游戏的，也可以是游戏般体验的。课程游戏化在实践中具体表现在两个方面，一是游戏和教学的结合，二是游戏和教学的转化。

六、游戏与教学的结合、转化

游戏和教学的结合是指在同一个目标引导下的幼儿自主的游戏活动和教师指导下的教学活动的相继关系。游戏可以是教学的先导活动。孩子在游戏中获得相关经验以后，教学将成为在这些具体经验基础上的理性升华，抽象出一般的道理。经验越丰富，教学情境中的学习就越具有豁然开朗的效果。游戏也可以是教学的后继活动，教学过程中获得的新知和技能在游戏过程中进行多种尝试和灵活运用，以获得充分的发展。

游戏和教学的转化是指将教师在教育目标控制下对幼儿的施教过程，转变为在教师指导下的幼儿主动学习的过程，使幼儿在学习中体验到游戏的乐趣。这一转化的关键在于变外在要求为内在需要，变压抑为兴趣，从而变被动为主动。幼儿在活动中获得的游戏体验的强弱，取决于教师的控制程度和幼儿在活动中所获得的自由程度。教师控制得越多，幼儿的自由度越低，教学的游戏体验就越弱。

当我们在认同"寓教于乐"这一教育原则时，我们依据的是游戏和教育的内在联系；但当我们在执行"寓教于乐"这一教育原则时，往往又有很大的偏差。人们对探索、学习、游戏、教学之间的关系争论不休，是同一活动由于活动主体的体验不同，其概念的内涵会有两面性和交叉性。学习就是游戏，还是学习可以转化为游戏？教学在什么条件下达到了游戏化的境界？这些都值得我们思考。

第二节

把游戏融入幼儿园教育教学活动的策略

《3-6岁儿童学习与发展指南》要求幼儿教师能够寓教于乐，以游戏为幼儿的基本活动，将幼儿的合理期待蕴含在丰富的游戏中。儿童的发展是离不开游戏与教育的，游戏对幼儿具有自然发展的价值，教育对幼儿具有引导发展的价值。儿童在游戏中的收获是儿童主动活动的结果，儿童要在教育中得到发展，则在于教师和儿童的双重努力，而由教师为主导的教育过程也能转化为儿童主动活动的过程，那就是游戏与教育的成功结合。

一、游戏与具体教学内容相结合的方式

在幼儿园教育活动的狭义概念中，我们知道幼儿园教育活动包括教学活动和游戏活动。这两类活动有不同的结合方式。

1. 分离式

幼儿园的游戏活动是一种在固定时间和限定地点内，幼儿自发、自愿进行的伴有愉悦情感的规则活动。对游戏活动的概念理解要把握四点：第一，游戏活动往往是发生在固定的时间和地点内的，每种游戏都有适宜的地点，如体育游戏"老狼老狼几点钟"适合在空旷的、平整的场地，便于幼儿自由活动；第二，游戏活动一定是幼儿自发的、自愿的，内在动机是尤为强调的，幼儿游戏的目的就是获得满足，这是发自心灵的愿景；第三，游戏活动是伴随情感体验的，这种情感体验是积极的；第四，游戏活动是有规则的，规则包括显规则和潜规则，规则是游戏得以顺利进行的要素。

【案例一】 教育活动

某幼儿园开展教育活动，教学活动主题是"食物不见了""食物旅行记"。游戏活动主题是：美工区——圣诞礼物包装、结构区——家乡的风景、益智区——飞行棋。

案例分析：

我们一起分析这则案例，教学活动的主题是"食物"，游戏活动的主题各异，与教学活动毫无关联。游戏是游戏，教学是教学，这是幼儿园教学活动和游戏活动的第一种关系——分离式。

2. 插入式

【案例二】 大班数学：学号小人卡片

活动目标：

在活动中发现线段与数序、数字大小等的关系，提高观察、推理的能力；对数字感兴趣，并感受生活中的数序。

活动准备：

经验准备：幼儿知道自己和同伴的学号；物资准备：自制带箭头的直线（箭头可以拉伸延长）、数字卡片（0、10、20、30、40）、学号小人卡片（上面有幼儿头像和学号）、箭头、小红旗。

活动过程：

出示有趣的线，寻找线上的数字秘密。

教师出示线条，请幼儿猜猜0～10的数字。教师提问：0～10会藏着哪些数字？猜猜10后面的数字是什么？从10接着往后数，还会有什么数字呢？这条线上还会有很多数字，那这几个地方可能会是什么数字呢？在线上找学号的家。教师引导幼儿发现数字还可以代表自己的学号；让幼儿放好自己的学号卡片，分享交流。教师提问：为什么有些学号靠得近，有些离得远？让幼儿摆放其他同伴的学号卡片。幼儿发现学号的秘密：学号是按照年龄从小到大排队的。

游戏：猜学号。游戏说明：教师写下一名幼儿的学号，让大家来猜猜是学号几？游戏规则：两队轮流猜学号，猜中一方赢。第一次玩游戏。其中一方提问：猜猜我心里的学号是几号？这个小箭头可以怎么放？指向哪一边？两个箭头是什么意思？我心里想的学号肯定在几和几之间？第二次玩游戏。教师通过讨论与延伸引导幼儿发现生活中的数序，并讨论数序给生活带来的方便。

案例分析：

在案例中，我们发现活动第三个环节是游戏，游戏的目的是巩固幼儿新学习的经验。在集体教学活动中插入游戏活动，以实现教育价值。我们称这类形式为插入式，插入式的形式能够寓教于乐，是符合幼儿学习特点的方式。

3. 整合式

【案例三】 好玩的多米诺骨牌

活动目标：

探索骨牌的多样排法及与机关材料的组合玩法，并大胆交流自己的发现；能与同伴合作，体验骨牌游戏带来的乐趣，有进一步探究的欲望。

活动准备：

骨牌、机关、课件、记录板等。

活动过程：

大开眼界——骨牌视频欣赏，激发思维，引起兴趣，分享交流骨牌游戏的玩法。教师提问：你们玩过骨牌吗？你们有哪些玩法？欣赏发现骨牌的新玩法（视频欣赏）。

教师提问：看看高手们是怎样玩骨牌的，跟我们玩的有什么不一样？骨牌小阵地——合作探索骨牌的多样排法及与机关材料的组合玩法，参与观察讨论。第一次合作探索。介绍材料，明确游戏规则：两人一起设计路线图，按照路线图布置骨牌阵地，小球进洞则获胜；幼儿两人一组合作设计，根据设计图进行"布阵"。重点关注：幼儿是否能根据设计图的效果布置骨牌阵地；幼儿之间的合作情况，骨牌与机关材料组合的合理性；骨牌线路及排法的多样性；等等。分享并讨论：鼓励幼儿观察不同的骨牌阵地，发现问题并参与讨论，尝试寻找骨牌不流畅的原因（教师用符号、图画及时记录幼儿的发现）。教师小结：根据幼儿的讨论及发现，结合大记录表进行梳理提升。第二次合作探索。幼儿再次合作布置骨牌阵地（鼓励幼儿增加或调整机关材料），共同见证奇迹，进一步交流发现。

重点关注：

第一次碰到的问题有没有解决，产生了什么新的问题，有什么新的创意，等等。

教师小结：

今天我们一起发现并解决了很多问题……（结合互动现场）延伸——对骨牌线路、机关材料等大胆设想，进一步萌发探索兴趣。

案例分析：

该活动中，两种性质不同的活动融合成一体，很难区分什么是游戏，什么是教学，活动中既有幼儿自发、自愿参与、设计的活动，也有教师的计划和目的。这是游戏和教学的高级结合形式。这种结合的方式操作难度大，需要教师善于把握幼儿的所思和所感，应变地处理教育过程中所发生的教师计划与幼儿兴趣和需要之间的矛盾。

二、自制游戏材料，培养幼儿的动手能力

将"玩"与教育教学活动深入融合，不但可以加强教育教学活动的效果，还可以让幼儿感受到学习的乐趣。自制游戏材料就是深入融合的方式之一。教师让幼儿自制游戏材料，在调动其积极性的同时，提供给他们动手操作的机会和空间。制作游戏材料并不是依靠个人就可以完成的，需要所有游戏成员的共同参与和配合。比如，在"装饰我的幼儿园"游戏环节，教师可以提前让幼儿在家中寻找一些废旧的报纸和塑料，然后拿到幼儿园，自己动手动脑裁剪各种各样的装饰。教师可以将班级上的幼儿进行分组，让他们分组完成任务，然后进行综合评价，给予奖励和表扬。在游戏过程中，幼儿的参与积极性得到提高，团队合作意识也得到培养。

三、利用多媒体来促进游戏与教学活动的融合

现阶段，随着现代科学技术的发展，许多新型的教育形式走进幼儿园，其中就包括多媒体教学。教师利用多媒体可以更深层次地将"玩"融入教育教学活动，全面调动幼儿的学习积极性和主动性，也可以增强教育活动的趣味性。多媒体可以为幼儿创设出有效的情境，让他们完全投入到游戏之中。比如，在体育游戏"龟兔赛跑"中，教师通过讲述龟兔赛跑的故事，让幼儿明白做人千万不要过于骄傲，要懂得谦虚的道理。教师可以利用多媒体播放龟兔赛跑动画的视频，将龟兔赛跑前的故事情节进行导入；在游戏过程中，还可以利用多媒体播放龟兔赛跑的儿歌，让幼儿跟随音乐自由做动作，充分调动其参与游戏的积极性，为后续游戏的开展奠定良好的基础。

在教育教学活动中，游戏的主要作用就是调动幼儿参与的积极性。科学合理地组织游戏与教育教学活动，可以将游戏与教学活动的内容和目标深入融合，让游戏与教育教学活动形成一个整体。比如，在开展绘画活动"美丽的秋天"时，教师可以将绘画活动和游戏"寻找秋天"完美结合，幼儿可以通过在幼儿园内寻找秋天、感知秋天，知道秋天有金黄色的落叶、凉爽的天气、丰硕的果实以及由穿短袖转变为穿长袖的小朋友等。有了这一系列的认识后，幼儿就会对秋天有明确的印象，脑海中关于秋天的画面也变得完整，绘画积极性大幅度提高，从而实现教育教学活动的目标。

四、将游戏融入教学评价体系

将游戏融入幼儿园教学评价体系，可以有效发挥诊断、引导和激励等功能。幼儿园教育教学活动的评价应当遵循综合原则和定性与定量相结合的原则。游戏评价是幼儿发展评价的新视角、新方法、新途径和新探索，以幼儿全面发展为目标，这种新的评价方法有利于幼儿身心的协调发展。

值得一提的是，游戏已经融入幼儿园教学评价体系，给幼儿园教育教学带来了无限生机，注入了新的活力。这种新的评价理念有助于调动幼儿学习的积极性和主动性，使幼儿成为学习活动的主人。

幼儿的认知能力和生活经验有限，而幼儿阶段是人一生发展的关键时期。所以，在教育教学活动中，幼儿教师必须将"玩"融入教育活动，这也符合《纲要》和素质教育的要求。在开展幼儿园教育教学活动时，一名合格的幼儿教师要深刻体会到游戏对于幼儿教育的重要性，增加游戏在幼儿园教育活动中出现的频率，促进幼儿园课程游戏化，使幼儿在"玩"中快乐成长。

第三节

从兴趣入手培养幼儿的
早期阅读能力

早期阅读是指0~6岁学前儿童凭借变化着的色彩、图像、文字或凭借成人形象地读讲来理解读物的活动过程。在幼儿阶段开展早期阅读所形成的良性循环，越来越引起幼儿园的关注。苏霍姆林斯基说："只有让学生体验到快乐的情感，才能学得好。"因此，在阅读教学过程中，教师应当善于唤起幼儿兴趣，以便激励他们持续地、愉快地、主动地进行阅读学习。

一、创设生动的阅读环境，激发幼儿阅读兴趣

兴趣是影响学习活动的最直接、最活跃、最现实的因素，是人对客观事物的一种积极的认识倾向，是一种复杂的个性心理品质，它推动人去探求新的知识，发展新的能力。兴趣是学习的先导，是需求的动力，学生有

了阅读兴趣，才能从内心深处对课外阅读产生主动需要。

环境创设是一种特殊的潜在的课程，幼儿园应根据各年龄段幼儿的阅读特点，努力做到有目的、有计划地选材和构思，利用创设手段，最大限度地发挥环境应有的教育功能来激发幼儿的兴趣，更有效地培养幼儿的阅读能力。

1. 提供幼儿喜欢的阅读材料

幼儿图书的阅读主要是感官上的需要，必须有可爱的动物、有趣的物品、色彩鲜艳的画面及与自己生活经验相似的内容，如《娃娃画报》《小青蛙故事报》《彩图幼儿故事100集》等，如此之多的花花绿绿的图书呈现在孩子面前时，对他们无疑是一种难以抗拒的诱惑，大大激发了他们的阅读兴趣。在提供阅读材料时，教师要针对孩子能力差异的特点来投放不同的材料，如对于能力弱的幼儿可提供一些具有具体意义、形象生动、画面单一、文字少的阅读材料；对于能力强的幼儿可提供一些画面复杂些、文字多的阅读材料。

2. 营造丰富的阅读环境

首先，在班中设立阅读角、图书架，不断更新阅读的内容，还随时让幼儿带自己家中喜欢的图书，同时要注意提供充足的图书阅读时间，保证幼儿的兴趣得到满足。

其次，幼儿园的环境创设应在观赏性和艺术性的基础上辅助以文字，这样图文并茂，就能引导幼儿去喜欢它，读懂它，帮助幼儿在文字和实物之间建立起联系，逐渐从具体向抽象转化，培养其阅读能力。

在阅读角中，我和幼儿一块儿给阅读角取名叫"快乐书吧"，并用文字标签来布置，而且在"娃娃家""结构角"等区域都贴上相应的文字标签。我还在幼儿的照片旁都注上幼儿姓名，通过让幼儿点名的方式，使幼儿依据照片来认读同班小朋友的名字。这样，便潜移默化地帮助幼儿巩固和强化了文字和实物之间的联系，认识掌握了很多的抽象语言符号，在阅读时就可凭记忆将认识的字套上去，逐渐培养了幼儿的阅读能力。

最后，创设互动的阅读环境。师生关系、同伴关系是早期阅读教学活动的重要构成因素，幼儿阅读兴趣的产生以及阅读能力的发展都离不开与阅读内容、阅读方式、阅读交往等的相互作用。在阅读中，除了进行师生共读、师生交流外，同伴交流、合作阅读也能补充、完善发展幼儿的阅读技能，令幼儿产生阅读的愉悦、快乐之感。例如，让能力强的幼儿与能力弱的幼儿一同阅读，互相讲述书中故事，这样能起到带动的作用。因此，阅读教学中要充分发挥师生互动、生生互动的作用。

3. 提升阅读兴趣的途径

引发幼儿阅读兴趣，应该从小班开始，培养幼儿对图书的兴趣，从幼儿喜欢的故事入手，先给幼儿讲好听的故事，然后让幼儿猜猜好听的故事是从哪里来的，引导幼儿对图书的认识，激发幼儿对文字符号的兴趣。

我还引导幼儿开展一些制作图书的活动，如让幼儿当小画家，将自己编的作品用美术形式表现出来，制订成图书；提供一些废旧图片，让幼儿将图片剪下来重新组成一本新故事；等等。为了丰富幼儿阅读的有趣性，我还引导幼儿运用木偶将文学作品的内容表演出来……

幼儿阅读兴趣的培养也需要家长的密切配合，家庭是幼儿接受教育的重要场所，孩子大部分的时间都是在家中度过的，家长是不容忽视的教育资源，家园一致，指导幼儿阅读，能收到不可估量的效果。平时，家长对幼儿的阅读情况多加鼓励，以培养和巩固幼儿对阅读的兴趣。我们先要求家长每周至少陪幼儿读书一小时，然后逐渐延长时间。

二、追求教学艺术，提高幼儿阅读能力

兴趣是学习的动力，幼儿往往对喜欢的事物特别感兴趣，而且积极参与，如果教学过程枯燥无味，是不能激发幼儿的学习兴趣的。《纲要》指出："教育内容，要求能否兼顾群体需要和个体差异，使每个幼儿都能得到发展，都有成功感。"在组织活动时，我认为只有捕捉幼儿的兴趣点，从孩子的兴趣点入手，才能做好因材施教，才能实现"每个儿童都能主动发展"的教学思想。

经验表明：一堂生动活泼、形象有趣的课，必然能调动幼儿学习兴趣，要做到这一点，我极力追求言语、动作、表情在教学方法上的适度运用，寓乐于学，寓学于乐。

1. 追求声情并茂，强化文学作品中的语气语调

如果将文学作品平平淡淡地呈现于幼儿面前，是不会调动幼儿的积极性的。为了让幼儿很快地融入文学作品中，我很注意自己的语气语调，我会根据文学作品的特点，在朗诵过程中时快时慢，抑扬顿挫，让幼儿身处于一种亲切、美好的语感环境中。同时，我配上优美、动听、富有想象的音乐，以及运用形象生动的教具，使幼儿在融融的气氛中，尽情地表达自己的情感和愿望。

2. 开展操作性阅读活动，提高幼儿阅读能力

早期阅读操作包括动手操作（感知）、动脑操作（思考）、语言操作（交流）等。所以，阅读教学要重视让幼儿在动作体验中、积极思维中、多向交流中动手、动脑、动口，以更好地感知画面，模仿运用词语，迁移想象经验，创造表达表现。例如，我在教学散文诗《圆圆的春天》时是这样进行的：先让幼儿感知圆圆的东西→结合形象生动的教具和优雅的音乐来朗诵诗歌→边玩圆圆的东西边根据刚学会的词汇"圆圆的"进行仿编诗歌→师生、生生之间互相交流→将仿编的诗歌录在磁带中互相倾听、欣赏。这样一系列的活动下来，在看看、玩玩、说说中，使幼儿的情感、兴趣得到了满足，这样不仅满足了能力强的幼儿的表现欲望，又可激发能力弱的幼儿的表述愿望，使所有幼儿都有成功的体验，促进幼儿在不同程度上得到发展，还拓展了幼儿的思维，有效地提高幼儿阅读认知能力。

三、掌握评价尺度，增强阅读的自信

正确把握好激励方式，能使幼儿阅读学习的外部动机转化为内部动机。因此，在阅读教学中，我采用了语言激励，如"你真聪明""你真棒"；采用了动作激励，如伸出大拇指，鼓鼓掌；还采用了物质激励等方法，充分激发幼儿阅读活动的积极性，让幼儿在阅读中体验成功，产生自信，从"要我读"→"我要读"。

1. 点评注重真情激励

热情的点评能增强幼儿自信心，能够促进幼儿的发展。活动中，教师面对幼儿的发言，如果不假思索，含糊不清一个劲地点头，漠视幼儿的发言内容，这势必会影响幼儿的学习热情。

面对幼儿真情的表达，教师只有以同样真情的激励，才能保持这种激情，从而产生良好而稳定的后续效果。

当幼儿流露真情时，教师如果给予同样的真情点评，活动就可以形成情感的浪潮。

总之，幼儿阅读能力不是一朝一夕就能提高的，需要平时一点一滴地积累。在阅读活动中我们应持之以恒地开展丰富多彩的阅读活动，创设有系统的、安全的、层次分明的阅读氛围，调动起幼儿的兴趣，正确有效地开展早期阅读教育，从而不断培养和提高幼儿阅读能力，为幼儿今后的可持续发展打下扎实的基础。

第四节

快乐快速识字教学法

我们广东省湛江市麻章区湖光中心幼儿园根据幼儿年龄特点和本园实际情况，自1995年开始对幼儿进行早期汉字教育的尝试，总结出快乐快速识字教学法。快乐即是让幼儿在游戏中习得汉字；快速即是幼儿与汉字见面多，采取时间短的方式进行教学。我们对50名2至4岁的幼儿进行了100天的快乐快速识字教学实验，其中27名幼儿可识500个字，18名幼儿可识150个字，5名幼儿可识100个字……我们的教学实践表明：幼儿有很大的识字潜能，对他们进行快乐快速识字教学是可行的，是符合幼儿年龄特点的，并且对幼儿的语言能力、智力水平等综合素质都有良好的培养。

"无硬性识记任务"是我们快乐快速识字教学的总原则。所谓"无硬性识记任务"识字教学原则，就是在整个识字教学过程中，幼儿能识记、掌握多少算多少，不硬性要求幼儿识记和掌握教学内容。与之相适应的教学要求是：幼儿通过较长时间地与汉字多次见面，达到见字形能读出字音，大体懂得词语意义的效果。

快乐快速识字教学主要分三个阶段进行。

一、与汉字的初次见面阶段

我们每天安排4至6个字，随着幼儿年龄增长与汉字实际情况，我们可增多每天识字量。我们采用"直音教学"，就是让幼儿直接模仿老师口头语音，如"少"字，幼儿直接模仿读出老师口头念的"少"的语音教即可，不必先教拼音符号后识字。我们通过多次指着字形教幼儿读字音或阅读，能达到既快又容易掌握的效果。在这个阶段，我们讲究一个"速"字，每天采用与汉字见面次数多、每次见面时间短的方法。第一次为15分钟，侧重讲解汉字的内容；第二、三次为3至5分钟，侧重指着字阅读当天所教内容；第四次为5至10分钟，侧重通读已学的全部或部分内容。每天纯记汉字的时间为30至60分钟。这四次时间，我们都安排在幼儿一日生活各个环节的衔接之间。这种教时和教学量的安排，既不影响常规教学的进行，又能使幼儿在学习任务若有若无的感觉下自然习得汉字，有效消除幼儿对认字学习的困难感。

二、复习阶段

在复习阶段，我们讲究一个"乐"字，着重采用多次阅读法、游戏法、作画法、看字接龙法进行复习巩固。复习方法的选择，我们视复习汉字内容来定，一般让幼儿每三周复习一次。

1. 多次阅读法

多次阅读法即着重采用多次引导幼儿用手指着字形阅读的方法进行复

习巩固。复习阅读中，对已熟读的汉字内容轮流，每隔一、三、五天再次通读。由于仅读而已，幼儿一般能在5分钟内读完。每天坚持，经过一段时间，幼儿便会较牢固地识记字形。

2. 游戏法

这是根据幼儿年龄特点和汉字内容进行的一种复习方法，也是幼儿最喜欢的和快乐快速识字最常用的复习方法。例如，要复习各种鱼类和江河湖海类的汉字，我们就设计"捞鱼"的游戏，玩法是：把这些汉字制成卡片，发给幼儿每人一张。幼儿手拿字卡做鱼在水中游的各种动作，教师边"用渔网捕鱼"边说："一网不捞鱼，二网不捞鱼，三网捞条什么鱼？"教师问被捞着的幼儿："你拿的是什么字？"幼儿回答："我拿的是'鲤'字。"游戏继续进行。这种游戏复习法能大大减轻幼儿的学习意识，加大识字识词量和加快识字识词速度，从而使幼儿在轻松愉快的气氛中达到巩固的效果。

3. 作画法

例如，复习汉字的内容是表示颜色的汉字：红、蓝、黄、绿……中小班的小朋友可提供给他们画面，让他们看字涂色。涂色要求：房子涂成蓝色、树涂成绿色、太阳涂成红色、小鸡涂成黄色。大班幼儿就不必提供画面，让他们看字自行设计画面与看字涂色。这样因材施教，因势利导，教学效果甚佳。

4. 看字接龙法

这是大班幼儿复习汉字经常使用的一种方法。此方法在幼儿认识一定数量的汉字后方可进行。例如，复习的汉字内容是：我、首、都、北、京、爱、妈、祖、国……让幼儿玩汉字接龙游戏。玩法是：幼儿每人拿一张字卡，唱"找呀找呀找朋友，找到一个好朋友，敬个礼，握握手，你是我的好朋友，再见。"唱完后幼儿手执字卡并列站好，经检查，幼儿会摆出"我爱首都北京""我爱妈妈"等句式。

三、考查阶段

在每个学期结束之前，我们都安排一次幼儿快乐快速识字考查。考查的结果只供教师作为实验数据参考，不向家长公布，以免对幼儿形成压力。考查时，要根据考查的汉字内容进行分类而设计各种游戏，还是讲究一个"乐"字。通过考查，幼儿听到字音能指出字形并能跟读字音，见到字形能读出字音。幼儿答出后，教师就及时给予表扬与鼓励。这样幼儿就会为有进步而表现出较浓的学习兴趣。幼儿如答不出来，教师则耐心给予引导，并把它当作复习一环，不可斥责幼儿，以免给幼儿精神上造成负荷感，进而厌恶识字。

第五节

关注幼儿的学习方式

当前的幼儿园教育实践中，教师非常重视幼儿个体的发展水平、能力、经验、兴趣等，不仅在教育过程中依据幼儿的个体发展情况及时调整教育教学活动，还根据幼儿的经验、兴趣等生成幼儿园的活动，并在活动中很好地顾及幼儿的个别差异。但是，当前幼儿园教育实践中却普遍存在着教师对幼儿的学习方式关注得少，研究得少，甚至忽略幼儿学习方式的现象，尤其教师很少关注幼儿个体独特性和学习方式的差异性。用统一的教育方法和教育策略实施教育活动，往往既达不到预定的教育目标，也不能对幼儿的发展进行客观公正的评价。因此，对幼儿学习方式的关注、研究是一个新的课题。

《辞海》对"方式"的解释是"某种活动采用的方法和活动形式"。从心理学的角度来理解，学习方式就是指个体为接受和保持新的经验（信息和技能）所采用的方法和活动形式。儿童的学习方式是怎样的，不同的心理学派的观点是不一样的。为了便于研究幼儿的学习方式，根据幼儿心理发展的年龄特点，以及学习方式的定义和各心理学流派对学习的分类，我们可以把幼儿学习方式分为学习形式和学习方法两部分来理解。从组织的角度出发，幼儿的学习形式可以分为集体活动、小组活动、个别活动、自选活动等。从幼儿学习行为的角度出发，幼儿的学习方法有观察学习、操作学习、模仿学习、倾听与表达学习、交往学习、合作学习、体验感受学习、探索发现学习等。在幼儿实际学习的情境中，这些学习方式是交融在一起的，幼儿需要同时采用多种学习方法来完成活动。

对幼儿学习方式的研究可以从两个方面切入，一个是幼儿阶段所表现出来的年龄特点，即研究幼儿学习方式的共性；另一个是对幼儿个体的学习方式的研究，即研究幼儿学习方式的个体差异性。目前，前者的研究较多，而后者的研究较少。我更多关注的是后者。

一、分析幼儿的学习方式

对幼儿学习方式的研究首先要求教师对幼儿在各种活动中表现出的"蛛丝马迹"进行细致的观察、判断与分析。之后，教师还要依据心理学的理论对幼儿的情况进行深入的分析和反思，归纳总结不同年龄的幼儿在学习过程中表现出来的特点，或个别幼儿所具有的学习特点，并为每个幼儿建立学习情况的档案，作为教师决定采用何种方式、何种策略进行教学的依据。

【案例一】 会飞的风筝

在中班"会飞的风筝"活动中，各种各样的风筝布置在教室四周，教师引导幼儿欣赏。幼儿在观察风筝时，对风筝的整体造型最感兴趣，一下就看出了它们的不同之处（凤鸟风筝、金鱼风筝、孙悟空风筝、米老鼠风筝、娃娃风筝等），而对风筝的细节部分如颜色、花纹、形状、尾巴等不敏感，教师通过提问引导幼儿观察风筝的具体细节，为下一步幼儿自己制作风筝做好知识经验的准备。但幼儿仍然关注风筝的整体造型，教师好不容易才完成引导幼儿观察风筝细节的活动。

在幼儿动手制作风筝的过程中，大多数幼儿先对自己需要的材料进行一定的思考和构图，之后才动手制作，虽然看上去花的时间长，但最后顺利地完成，且质量较高。而少部分幼儿不假思索，拿起材料就做，起初速度很快，可有的返工重做，有的虽按时完成，但作品较粗糙。

案例分析：

幼儿对风筝的观察主要是观察学习的方式。在观察学习的方式中，幼儿表现出了幼儿阶段的认知特点，即首先认识的是事物或观察对象的整体部分，也就是以场依存性的形式知觉事物。皮亚杰认为，年幼儿童的知觉行为是"整体性"的。

幼儿制作风筝主要的学习方式是操作学习。这也是幼儿主要的学习方式。活动中两类幼儿的不同表现说明了幼儿学习过程中思维的特点。前者属于沉思型，后者属于冲动型。沉思与冲动反映的是个体信息加工、解决问题过程的速度和准确性。沉思型的学习者运用充足的时间考虑、审视问题，权衡各种问题解决的方法，然后从中选择一个满足多种条件的最佳方案，往往做出的反应都是正确的；而冲动型学习者则反应速度快，对问题的部分信息或未对问题做透彻的分析就仓促做出决定，但容易发生错误。

案例反思：

（1）教师应如何根据幼儿在观察学习中表现出的"整体性"认知特点引导幼儿观察？教师在出示图片或教具时怎样才能达到好的教育效果？

（2）每个幼儿在操作学习中表现出的思维特点，是否在其他的学习活动中也有一致的表现？

【案例二】 5以内按物体数量排序

小班幼儿数学活动——5以内按物体数量多少排序。操作材料：1个皮球、2辆小汽车、3朵花、4个布娃娃、5个茶杯。教师出示5张图片的操作材料，让幼儿考虑，从数量最少的往数量最多的排。幼儿1将布娃娃排在第一位，原因是他喜欢布娃娃。幼儿2把汽车排在第一位，原因是汽车跑得快。幼儿3把皮球排在第一位，原因是皮球只有一个，最少。

案例分析：

集体教学活动开始时，幼儿的操作完全是幼儿原始认识的表现，幼儿个体的经验、喜好及对事物的认识削弱了对"数字排序"操作要求的认识。这说明小班幼儿操作学习过程中易受到操作材料的影响。

案例反思：

（1）幼儿的思维是具体形象的，操作学习中材料的提供一味地去迎合幼儿，反而不能取得预期的教育目标。为幼儿提供何种性质的操作材料，应根据教育目标及幼儿学习的特点来考虑。这是一个值得研究的问题。

（2）在其他的学习方式中，提供的材料是否会影响幼儿的学习？

【案例三】 音乐欣赏活动"四小天鹅"

大班音乐欣赏活动"四小天鹅"。过程一，教师提问："听了这段音乐大家心里感觉怎样？想做什么？"过程二，教师提问："这首音乐到底说的是什么呢？再仔细听一遍"。过程三，教师提供了四组材料：粉笔、彩笔、色块、音乐，让幼儿听音乐选择自己需要的材料。在过程一中，文杰回答老师说，不知道要做什么；过程二中模仿他人的话，别的幼儿说什么，他说什么；过程三中，开始选择色块，贴了三个小圆形，然后用彩笔添画了一个人，在天上又点了许多小圆点，最后选择粉笔，画了两条线，添上树，又点上许多点。

案例分析：

三个活动为幼儿提供了三种不同的学习方式。该幼儿的音乐能力在班级中属于较弱的，在这过程一中对音乐没有自己的感受，在过程二中完全模仿同伴对音乐的感受及表达，但在过程三中，他的表现又属于创造型的，而且画面能反映出音乐欢快跳跃的特质。这说明第三种学习方式较符合该幼儿。该幼儿更多的是用操作学习的方式而不是语言来表达自己对音乐的感受。

案例反思：

（1）不能简单地从幼儿学习方式方面的差异，判断幼儿的学习结果，给幼儿的发展下结论。

（2）同样的教育内容、教育目标的教学方法应考虑根据不同幼儿的学习特点来设计。

通过上面三个案例我们可以发现，观察幼儿的学习方式给我们提供了一个新的教育视角。教师观察的内容是我们幼儿园教育实践中司空见惯的。依据心理学理论深入分析，我们不仅能够看到幼儿在学习活动中表现出来的具有个性特征的学习特点，也能发现幼儿在学习活动表现出来的具有共性的学习特点和学习方式。更重要的是通过观察教师改变了对幼儿的评价，又多了一个观察孩子的视角，多了一些对幼儿的理解。幼儿表现出的学习特点和方式不仅决定着幼儿的学习结果，也值得教师去深思：为什么有时教师自认为设计得非常完美的教育活动却达不到预期的效果？教师如果在幼儿一日活动中做个有心人，就能够了解班上每个幼儿在学习方式上表现出的个体特征，教师的分析和反思可以帮助教师更深刻地重新认识自己的教育行为与幼儿学习方式的关系。

二、积极调整教育策略

观察幼儿的学习方式、积累和分析观察资料，最终目的是及时调整教育策略。教师调整教育策略的目的是让来自不同家庭，有着不同兴趣、不同能力，尤其是学习风格不同的幼儿达到共同的发展目标。关键是在幼儿群体中使用不同的教育策略，使具有不同学习风格的幼儿获得成功。调整教育策略具体体现在两个方面：一个是教师的教学如何与幼儿的学习方式相匹配，达到预期的教育目标，促进幼儿更好地发展；另一个是"扬长促短"，培养幼儿具有个性特点的、有效的学习方式。

1. 匹配策略

匹配策略是指教师在教育活动过程中采取的教育方式方法与幼儿喜爱或擅长的学习方式相适应，使幼儿能够发挥自己在学习方面的优势，以取得预期的教学目标。

教师在组织幼儿活动时，在有条件的情况下尽可能同时照顾不同学习风格的幼儿，尽量在活动中留出幼儿自主活动和自主学习的空间。

例如，针对案例三中的情况，教师在设计活动时就应该考虑到幼儿接受信息时在感觉通道方面的个体差异，提供多种途径让幼儿自主选择适合自己的方式来表达对音乐的感受。

而在以往的音乐欣赏活动中，教师虽然也提供了多种途径，但按部就班，一般会先让幼儿说说，再让幼儿用动作感受，然后让幼儿绘画或进行其他活动，这就会使得幼儿没有自己选择学习方式的余地。

另外，教师还应不断反省自己的教学风格，变换自己的教学风格，采取不同的教学策略，以使每一类幼儿都有机会按照自己的学习方式来学习，发挥自己的长处。如果教师不变换自己的教学风格，一味地采取一种教学风格，会造成部分幼儿长期得益，而另一部分幼儿长期受损，不能使每个幼儿都获得应有的发展，不利于幼儿形成良好的学习方式和学习习惯，同时违背了《纲要》的精神。

2. 补偿策略

补偿策略是指教师在设计活动时，采用某些教学方法或材料避开某些幼儿学习方式上的弱点或影响幼儿学习效果的因素。例如在案例一中，教师通过分析发现，在观察学习时，大部分的幼儿更多关注风筝的整体造型，而制作风筝则要求幼儿对风筝的结构和细节部分有一个明确的感性认识，否则后面的操作过程就无法进行。教师在设计活动时就可以考虑，准备一幅弱化风筝造型的黑白风筝结构图，然后让幼儿观察在这个基础上各种风筝的诞生，这不仅能使幼儿很快掌握风筝的制作方法，而且有利于幼儿的创造。再如案例二，幼儿学习数字的排序，教师就应考虑提供的材料对幼儿学习"排序"的干扰。

3. 纠正策略

纠正策略是指教师为了帮助幼儿有效地学习，运用正确的教学方法，设计的教学活动能使幼儿在学习方式方面受益，强化与某种学习方式相关的知识技能，纠正幼儿在学习方式方面的偏差，从而使幼儿克服自己的弱项，适应不同的学习任务和学习情景。

例如，在思维方面，有的幼儿表现出冲动型的学习特征，有的幼儿表现出沉思型的学习特征。在案例一中，教师就要有意识地要求冲动型幼儿先说出自己的设计、构思和选材，再动手继续操作。冲动型的幼儿在观察学习时也会观察不仔细就急于说出自己的答案，教师同样要引导幼儿细致地观察，组织好语言再说出自己的答案。

再如，不喜欢与他人合作学习的幼儿，教师要寻找恰当的机会让其参与到小组活动中，学习与他人合作。每个人包括教师都有自己独特的学习方式，教师要清醒地意识到适合自己的学习方式或自己认为好的学习方式不一定适用于他人，对幼儿更是如此。有时教师认为为幼儿提供了适合的学习环境、学习材料、信息途径，而往往结果却和预想大相径庭，如案例二。因此，教师在使用纠正策略时要避免主观化的倾向，尽量从学习的结果和幼儿的长远发展的角度，从幼儿学习方式的特点出发，帮助幼儿完善自己的学习风格。

在分组教学、提问的设计、活动程序的安排等方面也可以综合地运用以上三种策略。教师可以按照幼儿在学习方式方面表现出来的特点进行分组，将有着较一致学习方式的幼儿分在同一组；也可以将有着不同学习风格的幼儿分在一组，让幼儿互相模仿，取长补短。教师在设计活动中的提问时，也要注意为某些幼儿专门设计一些问题，以帮助幼儿更好地学习。在活动程序的安排上，教师更要考虑以游戏活动为主，灵活地安排集体活动、小组活动和自选活动，让幼儿自主地学习。

第三章

保育

培养孩子良好习惯，
让孩子受益终身

第一节

幼儿园新生入园礼仪规范实践

幼儿园是幼儿离开家庭，融入集体生活，进入校园的第一站。幼儿园要引导入园新生养成良好的行为习惯，讲文明，懂礼貌。本文从礼仪教育与日常活动相结合的角度，探讨幼儿园培养入园新生文明行为的方法，通过示范、培训活动及家庭合作培养幼儿良好的文明习惯。

一、幼儿教师是幼儿的榜样

幼儿喜欢模仿教师的言行，教师是幼儿的镜子，幼儿是教师的影子，教师要树立良好的礼仪榜样，努力为孩子营造良好的精神氛围。在开展幼儿礼仪教育前，教师要学习专业标准，努力塑造自己的人格魅力。

教师要文明用语，礼貌待人，尊重孩子的个性。针对智力发育缓慢的孩子，教师要与其耐心沟通，并在其他幼儿面前树立好榜样；教师应平等对待所有孩子，不可以偏袒或变相体罚幼儿，避免对幼儿造成心理或身体上的伤害。教师要做到自然大方，注意自身的亲和力，在日常生活中，教师要注意规范自己的语言、表情、肢体动作等。

二、在教学中落实礼仪教育

1. 礼仪与生活的整合

教师要将礼仪与生活结合在一起，在入园离园、喝水、餐点、盥洗、如厕、游戏、活动等环节教会幼儿相应的礼仪规范。教师要教导幼儿在入园离园时要和老师打招呼，看到同伴要问好；玩游戏时要排队，不可以随便插队；等等。教师要将礼仪常规化，在潜移默化中培养幼儿良好的文明行为规范。

2. 礼仪与游戏的融合

游戏是孩子们最喜爱的活动。教师可以通过游戏不断加强学生礼仪规范的学习，将游戏融入礼仪教育，让他们了解礼仪的真谛。教师可以借助角色游戏，让幼儿扮演不同的社会角色，深化幼儿对礼仪的理解，学习不同的社会标准，以不同的方式与人进行沟通交流，培养他们的社会交往能力，包括语言和想象力，促进儿童良好道德情感和行为的形成。

3. 将礼仪教育和培训融入学前课堂活动

教师要对幼儿实施有针对性的和有计划的礼仪教育，并将礼仪教育渗透到不同学科的教学中，让孩子们不断受到规范礼仪的影响。在语言游戏"欢迎小客人"中，孩子们带着自制的小礼物来到不同的"动物收容所"，学会了"你好""请坐""请喝茶""谢谢""再见""欢迎回来"等口语礼仪。在游戏中，幼儿感受到了主人的热情好客，并学会了接待客人时要谦虚和宽容。这样的反复训练培养了孩子良好的家庭礼仪，还让幼儿学会了如何与他人沟通交流的技能。

三、礼仪教育需要家长高度重视

（1）学校应通过家长开放日、家长会、亲子活动等形式，让家长了解幼儿礼仪教育的进展和不足，让家长重视礼仪教育，并积极配合入园新生的礼仪教育活动，使入园新生的礼仪教育活动与家庭教育协调同步。

（2）家长应配合幼儿园的礼仪教育，发挥榜样作用。家长要理解幼儿园礼仪教育，积极配合，并对孩子进行始终如一的配合教育。家长应提醒幼儿注意不规范的礼仪行为，并为孩子做好榜样，一言一行都要遵循文明礼仪的规范，让孩子学会文明的礼仪规范，并养成良好的礼仪习惯，使得家庭和幼儿园教育保持一致。

教师和家长要在幼儿园教育和家庭环境教育上形成合力，营造良好的家庭和社会氛围，把礼仪教育引入生活，让我们的孩子成长为友好、诚实、宽容、谦虚、乐于合作的人，成为具有健康人格的人。

第二节

大班幼儿的倾听习惯的培养

著名的教育学家曾经说过，教育的开展，就是对一个人良好习惯培养的过程。就目前来看，大多数幼儿在幼儿园没有形成一个良好的倾听习惯，主要表现有：在别人没有讲完话的情况下，会抢话或者是插话；一些孩子能够非常积极地将自己的想法表达出来，然而，自己说完后，对别人的意见却不能认真地倾听，想说就说；每天老师布置回家复习的作业或任务自己不用心听、用心记，而是让爸爸妈妈去记，没有责任心；等等。而孩子一旦升入小学，如记作业、整理书包、整理衣物等事情就要靠自己去做，这时候家长和小学老师就开始抱怨了："这孩子习惯就是不好""这孩子记性怎么这么差呀""唉！好孩子都是人家的"……

思维发展心理学研究表明，幼儿阶段正是各个方面能力的启蒙时期，尤其是语言能力的发展甚为关键。语言对儿童的思维发展起着重要作用。婴儿从7、8个月便能"听懂"成人的一些话，模仿学习周边的语言，3岁进入幼儿园，迎来语言和思维发展的一个高峰。但是，容易受到注意力不持久的制约。我们知道，在幼儿教学中，幼儿注意力都不易集中，不善倾听，常以自己习惯性的学习方式去学习。相对小班幼儿而言，大班幼儿的听觉注意力有了较大发展，注意力持久性好些，但依然不够好。所以教师应想方设法让幼儿积极主动地参与到教学当中，加以科学引导和培养，养成其良好的倾听习惯，让幼儿的语言能力和思维得到有效的发展。

一、明确目标，引导倾听

对于大班幼儿来说，他们的心理、行为等方面还不够成熟，所以非常好动、活泼，而且有着很强的表现欲望。大班的幼儿也不例外，很多幼儿在别人说话的时候非常没有耐心，但是却喜欢让别人听自己说，所以，一般在活动中我们可以看到，一个幼儿在回答问题时，其他的幼儿却没有仔细地倾听，而是在做一些别的事情，因为在幼儿的心里，他们觉得自己没有事情做，至于其他小朋友讲的和自己没有关系。教师这时应该给幼儿一个明确的目标，如其他的小朋友要仔细听他说的和自己想的是否一致，告诉他们"听"也是目标。在倾听中幼儿能发现更多的问题，激发思维的火花。

例如，在平时的教学活动中，我们要抓住机会强调听与说的重要性。说是表达自己，让别人明白；听是尊重别人，弄懂别人的意思。说要大胆，听要专心，在积极发言的基础上做到专心倾听。

二、创设情境，乐于倾听

幼儿和成年人不同，他们不能将全部的精力都投入教学活动当中，会受到很多因素的影响，不能集中注意力。通过研究发现，同样一个人，在不同的时间、不同的环境下，其保持的注意力在时间上、注意点分布上有着很大的差异性。可以说，兴趣对幼儿来说非常重要，但倾听对于好动、活泼的幼儿来说是无趣的。一名优秀的教师，就是要想方设法从这种无趣中寻找和创造乐趣。苏霍姆林斯基曾经讲道："儿童是用形象、色彩、声音来思维的。"使用多媒体技术激发孩子的好奇心，那么孩子们在听课的时候就会集中注意力，并且他们的思维能力也会变得十分活跃。所以在有关于语言的活动中，为了提高孩子倾听的能力，教师就要更新教学观念和教学形式，让课堂上的内容能够鲜活地展示在孩子们的面前，使孩子们能够喜欢语言活动。

比如在幼儿的语言活动中，《天鹅的志向》这样一则寓言小故事，教师通过制作多媒体课件对故事的内容进行相应的复原，可以利用天鹅以及乌鸦的真实形象展示它们之间的对话，并且播放一些天鹅以及乌鸦的叫声，把它们周围环境的声音作为背景，能够让孩子身临其境。教师在开始课程之前，可以首先提出一些相关的问题，如天鹅的叫声是什么样的？天鹅的本领是什么？为什么天鹅要学习游泳？等等，这样可以让学生能够更加认真地听讲。

三、创新教学，激发倾听

在幼儿时期，不光孩子的行为十分活跃，他们大脑的活动也是十分活跃的，因此这个阶段是进行语言教学的关键时期，但是孩子们在这个阶段进行阅读以及书写相对来说比较困难。对幼儿进行语言教学的传统教学方法，普遍都比较重视幼儿"听""说"能力的培养，这样会使得幼儿在以后的生活中形成经常打断别人说话的一种不良习惯，会对孩子今后的生活造成不利影响。因此在语言教学中培养孩子"倾听"的能力不但能够使孩子们在今后的生活中顺利地与人进行交流，还可以帮助孩子提高语言的发展速度，从而间接促进孩子其他语言能力的发展。

教师应该收集一些生动的童话故事，让孩子们在课堂上听，这样能够吸引孩子们的注意力。除此之外，教师讲故事的时候应该使用新的教学方法，让孩子可以在听故事的过程中结合自己的生活经历，更加愿意倾听，教师可以使用丰富的故事以及语言，并且在讲课的过程中让孩子参与到其中，对情节进行想象，在发展孩子思维能力以及想象力的同时，能够对孩子倾听的能力进行培养。

比如《拔萝卜》，是一个极为经典的幼儿童话故事，它通过讲述各种各样的小动物帮助老公公拔萝卜的故事，让孩子懂得团结，并且乐于帮助别人。这个故事将许多小动物都进行了拟人化处理，因此整个故事充满了童趣，并且能够让孩子丰富的想象。这个童话的内容非常简洁，并且对一些语句进行了重复，因此较有韵律，非常适合幼儿的阅读和理解。教师在对这个故事进行讲解的时候，可以对孩子们提出一些问题，问问孩子们有没有见过种在地里面的萝卜，萝卜的生长状态是什么样子的；然后在童话故事中小动物出现的时候，可以让孩子们对各种动物的姿态以及叫声进行模仿，从而使孩子能够参与进来；最后可以组织孩子对童话故事进行重复，不仅能够提高孩子们的想象力和创新能力，并且还能够通过这样的方法让孩子认真听故事，让他们愿意去"倾听"。

在对幼儿进行语言教学的时候，教师都会对学习的内容进行相应的描述，如果教师的语言枯燥乏味，那么不仅会使孩子失去学习语言的兴趣，还会降低孩子的学习效率。因此，为了培养孩子"倾听"的能力，首先就要让他们喜欢听教师讲课，引起他们"倾听"的兴趣。所以教师在讲故事或者是教学的时候，应该使用简单、生动以及具有指向性的语言，让孩子们在听讲的过程中明白如何倾听。

教师在课堂上讲故事的时候不难发现，孩子们听故事的时候都是十分专注且认真的，造成这种现象通常都是因为故事的内容以及情节，还有角色等吸引了他们的注意力；同时，教师在讲故事的时候，通常都会配上生动的描述以及相应的肢体语言。所以，为了使幼儿掌握倾听的要领，教师就要在讲课的语言以及方式上多下功夫，做一些相应的更改，使自己的语言更加生动有趣。比如《彼加怕些什么》是一首非常具有故事性的诗歌，教师可以在对诗歌进行讲解的过程中使用两个玩偶模拟诗歌的情节，并且随着对诗歌的朗诵，教师调整自己的表情，这样能够使孩子倾听的时候更加投入。

四、评价激励，鼓励倾听

教育工作者应该让幼儿明白劳动的快乐，掌握知识的快乐，从而让幼儿内心有自豪感。可以说，一个人受到赞扬，并且被人尊重和理解会使这个人的生活非常有动力，更能够让这个人认识到自身的价值。在教学当中，积极的评价能够让幼儿积极主动地参与到学习当中，这是培养幼儿倾听习惯的重要手段。所以在"听"的培养中，教师千万不要吝啬赞扬，让幼儿能体会到成功的喜悦，获得成功的满足感。

在实际教学当中，幼儿想要获得信息，倾听是一种非常有效的方法，更是幼儿需要具备的一种能力，可以说，如果幼儿不懂得倾听，就说明他不会学习。所以，在实际教学当中，倾听不是幼儿想不想、愿意不愿意参与的问题，而且幼儿必须具备的一种技能。所以，教师在教学活动中的表现尤为重要。

1. 让幼儿当小老师

教师在教学时，可以组织大班幼儿给自己的同伴当小老师，小组成员可以在小组中互相倾听同伴进行问题的讨论以及问题的回答等，如果同伴所说的有错误，可以进行纠正，将自己的想法提出来。幼儿觉得自己是一位小老师，觉得特别光荣和骄傲，听得也特别认真。

2. 实行奖励制度，适时恰当地评价幼儿

就目前的大班教学现状来看，很多班级中都会存在课堂纪律问题，其实这是因为教师没有对幼儿的优良行为进行强化所致。如果在教学当中，幼儿本身有些不良行为，教师却没有将良好和不良行为区别对待，这会让幼儿的不良行为逐渐加剧。因此，教师应善于发现幼儿表现出来的优良行为，并及时给予积极评价，设立奖励措施，满足幼儿被肯定的需要，巩固其良好的行为。

例如，对听得认真的小朋友，教师按照班级管理的方法给予奖励或表扬，通过奖励刺激，逐渐消除由于情绪色彩很浓，孩子们常常兴奋、不听同学发言而大声说话的现象；或开小差，听不进同伴发言的现象。

五、正确指导，优化倾听

想要让幼儿学会倾听，教师需要对幼儿进行正确的指导。可以说，让幼儿具备倾听能力，是教师教学中的首要任务，在实际教学当中，教师可以从以下三个方面优化对幼儿"听"的指导。

1. 培养倾听的心态

倾听，能够让自己取长补短，更能够激发自己的灵感，懂得尊重他人。在实际教学当中，教师可以根据实际教学内容，运用现实生活中的故事或者说一些寓言故事，让大班幼儿真正认识到"倾听"的重要性，提高"倾听"的自觉性。

2. 细化倾听的要求

不管是小班幼儿还是大班幼儿在倾听方面都有问题，这是因为教师在进行倾听的指导时，其要求不明确所致。其实，大班幼儿要比小班幼儿的注意力更能集中，所以，教师在给大班幼儿进行倾听指导时，应该让要求细化、具体。教学目标中明确指出，学会倾听需要具备四心：第一，专心，不管是在什么时候，教师讲课也好，还是同伴在发言也好，都应该认真地听他们讲话，并且能够听清楚；第二，耐心，要有耐心地听别人讲话，不插话，等别人讲完话后，再说出自己的想法；第三，虚心，他人说的意见和自己的不同时，自己要虚心接受，并且将自己的想法进行修正；第四，用心，别人说的意见不能盲目地认同，应该适当地选择。大班幼儿已能简单地评价他人，教师也可要求幼儿学会评价同伴的发言，在此基础上要求他们评价的内容尽量做到不重复。

3. 树立倾听的榜样

幼儿有着极强的模仿能力，尤其是从小班升入大班的幼儿，其注意力比较强，教师的一言一行都会给大班幼儿带来极大的影响。想要幼儿养成良好的倾听习惯，教师应该给幼儿做好榜样，要耐心、专心、悉心地听别人讲。幼儿在发言时，教师应该认真地倾听，不管幼儿发言的效果怎么样，教师都不能分心，不能去做其他的事情；让幼儿把话说完，不轻易打断他们发言，并在此基础上进行适当的指导和适度的评价；在平时也要注意耐心听取幼儿的讲话，给孩子一个展现个人思维的机会。教师的倾听有助于及时了解幼儿的认知水平，从而有针对性地调整教学，这也是对幼儿的一种尊重，帮助幼儿树立自信。

六、贴近生活，训练倾听

1. 了解幼儿注意力集中的个别差异

注意力对心理的发展有着十分重要的影响，可以说，想要让幼儿养成良好的倾听习惯，注意力有着非常重要的作用。教师应该对每个幼儿的注意力个别差异进行了解，便于有的放矢。

2. 结合游戏，进行集中注意力的专项训练

①看图抢答：教师在教学活动前利用多媒体展示一些画面，鼓励大班幼儿大胆说出看到了什么，并提醒其他幼儿注意倾听，等发言结束后再做补充。②传悄悄话：比比谁传的悄悄话最准确。③你说我听：复述同伴的讲话内容。

3. 认真组织开展每次教学活动，培养大班幼儿认真倾听的好习惯

幼儿最渴望的就是教师能够关注自己，很想在教师的心目中自己是一个好孩子的形象。大班的幼儿比小班的幼儿年龄稍大，而且注意力更集中，有了自己的主见。教师应该放低姿态，以朋友的身份和幼儿进行交流、沟通，用亲切的眼神、细微的动作、和蔼的态度、缩短师生间心灵的差距，努力发现每个幼儿的闪光点。当幼儿认真倾听，用心思考，回答或提出各种问题时，教师要用真诚的话语鼓励他们，给他们一个眼神，摸摸他们的脑袋，为幼儿营造充满愉悦、轻松的教学氛围，让孩子们不知不觉地乐在其中，学在其中。

例如，教师在教学活动中充分利用多媒体，多给大班幼儿介绍一些简单易懂的科学知识，激发幼儿的学习兴趣。同时，教师可以根据幼儿的生理及心理特点，结合课题引入故事，激发幼儿学习兴趣。此外，教师还可以结合教学内容适时开展各种形式的游戏吸引幼儿的注意力，也

收能到很好的效果。

教学活动必须将学习和儿童的生活实际联系起来，让教学贴近生活，只有在充满兴趣的前提下，幼儿才能体会到学习并不是件艰苦的事，相反充满乐趣。幼儿兴趣盎然，良好的倾听习惯也就自然而然地建立起来。

除此之外，对于大班幼儿倾听习惯的培养，合作学习也是一种非常有效的方法。教师通过合作学习，为幼儿营造一个轻松、愉快的良好教学氛围，让幼儿能够积极主动地参与到教学当中，每个幼儿都能够很公平地在自己的小组当中做问题的讨论和问题的回答，变原来的单纯旁观者为积极的参与者。幼儿在讨论中自由发言，当一个幼儿对问题的理解遇到困难时，可以请求其他同伴帮助。教师让全体幼儿都获得更多的自我表现和认识的机会，思维真正活跃起来，主动地学习，亲身经历学习的过程，不但可以充分展示每个人的才能，使不同层次的幼儿获得不同程度的成功愉悦感，而且能使幼儿的注意力更加集中。

倾听习惯的培养不是一朝一夕就可以养成的，它是一个循环往复的过程，教师要持之以恒、循序渐进地运用多种方法，指导大班幼儿认真倾听，使认真倾听的好习惯保持下去。

第三节

培养孩子良好习惯与纠正不良习惯的反思

　　一个孩子在较小的时候，如果没有得到正确的引导，容易养成一些不良的坏习惯，如不讲卫生、小气、骂脏话等。那要怎样才能正确教育孩子，避免这些陋习的养成呢？什么样的方法才是正确的呢？要知道小孩子的心灵很脆弱，如果处理不当，很容易给孩子留下难以抚慰的伤痛。

　　让孩子自主意识到自己这种习惯的错误，这是最基本也是最难办到的一点，一方面，孩子这时候心智并不成熟，缺乏一定的认知能力；另一方面，孩子正在形成自己的性格，可能他认为就应该是这样的。这时候就需要父母耐心一点儿，甚至狡猾一点儿，通过一些巧妙的方式让孩子意识到自己的错误。

一、如何让孩子懂礼貌

在社会性的教育方面，理论和实践都告诉我们，靠单一呆板的语言说教是绝对行不通的。我们教师应该通过跟幼儿讲相关的故事、为幼儿提供榜样的示范，让幼儿看到同伴的积极良好的行为方式，为幼儿树立起一个活生生的榜样。这样，在未伤其自尊心的前提下，让其自然而然受到良好而有效的教育，熏陶其良好社会性行为的形成。

【案例一】 妮妮的故事

早晨来园，每个幼儿都开开心心连蹦带跳地跑进教室，有些能主动向老师问好，有些在我的提醒下也说出来了。可妮妮自从上幼儿园以来，从来都没有说过一声"老师早、老师再见……"，所有的问好都是她奶奶替她说的。

又是一个早晨入园的时候，妮妮像往常一样牵着奶奶的手走进教室。我蹲下来对她说："早上好，妮妮！"妮妮腼腆地向我笑了一下，轻轻地靠在了奶奶的身边，眼神慢慢逃开我的视线，想要走进去。我抱住妮妮说："妮妮，你什么时候能对老师说早上好了呀？"妮妮还是没有理我，淡淡一笑。她奶奶忙对我说："妮妮在家和其他小朋友玩的时候，还很自豪地说'我在幼儿园都不对老师说早上好的'。"妮妮在幼儿园基本能和小朋友愉快交往，我发现她在和同伴游戏时笑得比谁都要大声，在自由活动时也能玩得很投入。但一旦老师参与的活动，她就有意收敛了起来，显得比较拘束，有时甚至不作声。

我从她妈妈、奶奶的嘴里了解到她在家是个很喜欢说话、性格活泼开朗的女孩。而且她很听老师的话，内心很想亲近老师，喜欢老师对她好，常常在家里嚷着要和老师打电话。某一天，妮妮妈妈向我反映一个出乎我意料，甚至让我吃惊的一个信息：妮妮一回到家里，就直奔厕所解小便，之后又狂喝水。可见，她在幼儿园有小便也没有主动去解，要喝水也不会主动跟老师说，而是选择自己强忍着。

案例分析：

无论是班上的小朋友、小朋友家长、班上的老师、幼儿园里的保安叔叔、保洁老师、保健医生，还是其他班级里的老师，都非常喜欢讲礼貌、见到谁都会主动打招呼、脸上常常带着甜甜的微笑。但是妮妮是个表面腼腆、文静，其实内心热情又带着一股倔强的幼儿。她对老师产生敬畏之情，希望得到老师的表扬与肯定，渴望得到老师的爱。但又因为不知如何与老师交流而故意和老师保持一种距离感，把她自己的情感埋藏在心底。倔强也是她的一大特点，只有她一个人故意不对老师说"老师早"之类的文明礼貌用语。她对自己不对老师说"老师早"这一做法感到自豪，丝毫没有觉得自己做得不对，我想这可能是她想引起老师关注的一种特殊方式吧！

在生活中，有些小朋友就是不愿意跟人打招呼，遇到不熟悉的人就会躲到父母身后，别人主动向他问好时他还会气呼呼的噘起小嘴瞪起眼睛，孩子如此不礼貌的行为往往事出有因。

（1）孩子天性使然

孩子的性格特征在很大程度上受到先天个性的影响。有的孩子表现出没礼貌、不爱笑往往是过于羞怯所致，特别是在3岁前，孩子的人格发展正在经历自主—羞愧这一矛盾阶段，如果恰巧孩子先天内敛，容易害羞，再缺乏后天的适宜的引导和经验的累积，就会特别容易表现出不礼貌的行为。有些个体甚至会因为在这一阶段没有顺利度过，所以在成年后也不善人际互动，面部表情僵硬，羞于交流，让人感觉没有礼貌，与人冷淡。因此，我们要帮助孩子克服羞怯天性。

有的家长说，我家孩子三岁半了，怕生人，见生人不爱说话，还不爱表现，在我面前又唱又跳，但是在别人面前就扭扭捏捏的，一点儿也不大方，小动作特别多，说了好多次也不管用，怎么办？

这种孩子怕羞和父母遗传以及自身的先天性格有关。对于天性害羞的孩子，父母要懂得悦纳，不要强迫孩子进行语言上的互动交流，可以尝试鼓励孩子进行肢体语言上的互动，孩子不好意思打招呼时，允许孩子用眼睛看看对方，挥挥小手，轻轻点头，咧嘴一笑或是其他孩子自主创造的行为动作，当孩子适应了跟别人的肢体语言互动以后，再慢慢引导孩子进行礼貌用语的表达。

为避免孩子羞于开口，父母还可以带着孩子在家进行一些表现自己的刻意练习，让孩子在熟悉的家人群体中多多练习，因为对事物的熟悉度有助于孩子缓解自身的紧张感，创造机会让孩子在小范围内先表演，克服最初的恐惧，随着表现经验的累积，他在众人面前表现自己的自信心也会增强。在游戏中跟同伴互动操练也是有效的措施。在孩子羞于言行时，父母事后鼓励即可，切记不要当众为孩子贴上没礼貌的标签。这样家长无形中把压力传递给了孩子，往往会适得其反。有些孩子越是不在父母面前，表现越会更加大方，所以父母要坚持鼓励孩子，但不要过于施压，顺其自然即可。

（2）父母引导问题

孩子很多亲社会行为跟父母的引导教育有很大关系，一旦引导错位，不仅不会利于孩子的成长，还会引发孩子的不适宜行为。有些父母在鼓励孩子跟人打招呼、讲礼貌、爱微笑的时候，常常向孩子灌输这样的理由："别人会夸奖你是个懂礼貌的孩子，别人会喜欢你！"潜在地告诉孩子，他跟别人互动的目的是让别人给他贴上讲礼貌的标签，为了得到别人的认可和夸奖。这种理由常常会加剧孩子的畏缩感，过于在乎别人的负性评价而难以大方表现。

父母可以尝试为孩子做些其他的解释："你跟别人问好，他们一定会特别开心，觉得你很喜欢他们。如果你不理会别人，别人就会觉得你不想跟他们说话，不喜欢他们。""你打招呼微笑，是为了表示你对别人的喜欢和友好，而不是为了取悦别人。"当父母让孩子理解了这样的逻辑以后，孩子的压力就会减小很多，更有可能敢于跟别人互动，乐于跟别人打招呼，不再受困于他人评价反馈的烦恼中。

（3）行为表现无趣

有的孩子上幼儿园小班快一年了，每次入园老师和保安他打招呼问好，他都低着头不理，问他为什么，他说讨厌打招呼。父母为了让孩子见人微笑，常常会采用嘱咐提醒的方式，让孩子感受到的都是枯燥无味的唠叨，甚至有的孩子会感觉到父母对自己的控制和强迫，孩子不仅会懒于应付式地微笑，还可能会表现出随后的叛逆和不配合，造成亲子关系问题。

孩子低头很多时候表明他比较羞怯，如果这种羞怯达到一定程度，就会出现恼羞成怒，如孩子说讨厌的话语。所以应对孩子的这样的表现，我们要坚持鼓励，用心发现孩子的任何细微努力，如孩子入园前看了一眼别人，停顿了一下，这些都能让别人感受到自己的友好和礼貌，将入门打招呼的过程进行细化的分解，有助于孩子打开心扉，克服社会交往上的不足。与此同时，家长要坚持做好示范，为孩子日后的模仿学习奠定良好基础。

让孩子微笑，见人有所反应，仅仅依靠口头提醒往往不尽如人意。年幼的孩子，他们做任何事会更加在乎自己将得到什么，而不是失去什么。因此，我们可以告诉孩子"你笑起的样子特别漂亮！经常笑的孩子会越来越聪明，越来越能干！还会交到很多好朋友！好多人都会喜欢你！"这样的启发比跟孩子说"你不打招呼、不微笑，别人会觉得你不懂礼貌，觉得你难看"要更能激发孩子的礼貌行为，因为孩子终究希望自己得到更多。

案例反思：

（1）教师不失原则地给她充分的爱，给孩子一个能够感受爱和关怀的环境。既然该幼儿这么渴望得到老师的爱，那教师就尽可能地满足她，多接触她，多关心她，让她知道自己是爱她的，慢慢地拉近她与自己的距离。足够的亲和力可以减少她对老师的害怕，让她感受到老师并不可怕，可以和老师成为好朋友。

（2）采用故事法、榜样法，对其进行正面教育，使其树立正确的社会性行为。

（3）教育方式——个别教育。因为这一现象在其他幼儿身上没有发生，所以不必采取全班性的教育方式。因此，对其进行个别教育的方式会比较合理。

（4）幼儿社会性行为的教育要与生活密切结合，需要家长密切配合。"生活即教育"，《纲要》中渗透着生活教育的理念，即幼儿社会性教育是在日常生活中，借助于日常生活并且为了日常生活而进行的。所以，这需要幼儿园和家庭协调一致、相互合作、密切配合。

二、如何对待调皮的孩子

不管是在教育活动中，还是在游戏中，懂事听话的孩子总是会得到老师的关爱，而那些喜欢调皮、爱捣乱的孩子往往得到的是批评教育，但往往又事与愿违。细想起来，其实这些喜欢调皮捣乱的孩子，更需要得到老师的关爱。

【案例二】 阳阳的故事

阳阳是我们中班特别活泼可爱的孩子，大大的眼睛，高高的鼻梁，看上去很讨人喜欢。可她又是典型的调皮大王，捣乱鬼。她在与小朋友游戏时特别容易发生冲突，小朋友们都不喜欢跟她交往。在幼儿园一日生活中，阳阳免不了要被小朋友告状：看书的时候，她总是不断地下座位，和别的小朋友抢图书，而在抢图书的时候不小心又碰到了旁边的小朋友，所以，我听到的就是："老师，阳阳抢我的图书了""老师，她碰到我了。"

案例分析：

在我的观察中，她其实特别喜欢与小朋友交往，也乐意与他们一起游戏。每次在区域活动中，她都积极地参加，表现自己，总希望得到老师和小朋友的关注。但她与人交往的方法不是很正确，所以经常导致一些不愉快的事情发生，经常被小朋友打小报告。针对这种情况，我就有意识地去接近她，多关注她，摸一下她的头，给她一个会意的微笑，与她交谈在与小朋友玩时遇到矛盾应该怎么办，鼓励她与小伙伴要搞好团结，互相谦让，有玩具大家一起玩，学会与小朋友共享快乐。阳阳小朋友的绘画比较有创意，在活动时，我有意拿着她的作品向小朋友展示，并给予表扬，引导孩子们向她学习。慢慢地，阳阳小朋友的笑声多了，小朋友们都爱跟她玩了。

案例反思：

"人之初，性本善"，每个孩子的内心世界都是纯洁的、善良的，喜欢调皮的孩子也不例外。"一切为了孩子，为了一切孩子，为了孩子一切"是我们的教育宗旨，爱是我们的教育手段，让我们多一点爱心，多一些赏识，多关爱一下调皮的孩子吧！你肯定会有意想不到的收获。

三、怎样哄爱哭的孩子

【案例三】 入园第一周

九月，是小班宝宝从家里到幼儿园的过渡时期；九月，幼儿园里总能听到小班宝宝的哭闹、嘶喊声；九月，我的耳朵"备受煎熬"，嗓子"干燥嘶哑"，手脚"酸痛"。这全是宝贝们的杰作，甚至我在睡梦中都能听到某个宝宝的哭喊声而被惊醒，这群宝贝成了我生活中不可缺少的一部分。

入园第一周，我和孩子们是在门窗紧闭、一片哭闹中度过的。有些小朋友原本情绪不错，但身旁有小朋友哭闹就被感染也跟着哭起来，总之哄完了这个那个就开始哭了，一天到晚我总变着法儿让孩子们暂时忘记爸爸妈妈，忘记哭，去喜欢老师，喜欢幼儿园的生活。

静静是哭得最凶的一个，她闭着眼睛就是哭，什么也听不进去，不吃饭，不睡觉，从早哭到晚，滴水未进，我们几个老师都急得要死，使出三十六计、七十二变，磨干了嘴皮子，仍不见任何效用。我与静静的妈妈也做了沟通，她也非常无奈，说静静小的时候戒奶就戒了好几次，一直戒不掉，也像这样可以一星期不吃不喝，哎！我心想，静静还不是你给惯出来的。对于静静，我们都认为她至少得哭上一个月。不过我们还是和她妈妈商量了很多办法来安抚她。接下来的几天，都是我从静静的爸爸妈妈手中接过孩子的，早晨是最艰难的时刻，静静会使出全身力量哭闹，甚至打人，在她的几次"千手观音"下，我终于得到了静静的第一句话："打电话，叫妈妈来接我。"我马上接道："好的，静静不哭了，老师就打电话，好吗？"到了午睡时间，孩子们都睡着了，静静又开始哭："妈妈呢？我要到外面去等妈妈。""静静睡好觉，妈妈就来了。"我哄她上了床，等了一会儿之后，她又开始叫喊："妈妈，我想妈妈了，妈妈怎么还不来？"静静就这样一直盼着妈妈来，可总是等不到妈妈。放学的时候，我对静静妈妈说："你要对孩子讲实话，哄她但不是骗她，妈妈不是马上就来的，要在宝宝上完课、吃完饭、睡好觉、吃好点心，到了四点，妈妈才来接她。"第二天，静静明显好了很多，她吃饭的时候对我说："陈老师，妈妈说我要吃好饭、睡好觉，到四点她就来接我。"我说："是的，静静真乖，老师喜欢你！"她听了很开心地笑了。虽然刚开始几天，她偶尔仍有哭闹，但一天天在进步，就这样东磨西磨，陪着静静过完了两个星期的幼儿园生活，她似乎有点喜欢我了，我一个眼神她就知道该怎么做了。静静给了我很大的惊喜，她比我们预期的要适应得更快，现在静静早上来可以爽快地和妈妈说再见，开心地和小朋友一起玩，认真上课、吃饭、玩游戏，是个很棒的宝宝了！

案例分析：

几乎所有的孩子刚开始上幼儿园时都会大哭大闹一段时间，这是正常的。趋利避害是所有动物的天性，身为最高级的人也更是如此。孩子上幼儿园哭闹主要是由于孩子感觉自己面临着两大"危险"：一是要离开最熟悉、最亲的人，这个人会把自己交给一个"陌生人"然后离开；二是这个人离开后，自己要面对陌生的老师、小朋友，要面对陌生的生活环境。我们把前者叫作与父母间的"分离焦虑"，我们把后者叫作新环境的"适应能力"。这两种"危险"都会让孩子心生恐惧，由此而产生直接的情绪反应。成年人有自身的生活经验与方法做基础，所以在面对陌生环境时的心理活动状态是内隐的，适应的方法也是多样的。而一个才3岁左右的孩子的心理活动状态总是外显的、直接的，面对恐惧他们只能用最熟悉的情绪——哭闹来表达。

所以爸爸妈妈一定要知道，孩子入园哭闹是非常正常的心理反应。孩子对爸爸妈妈太过依赖，不喜欢过集体生活，我们就应该细心观察孩子，了解他们的需求，适时地满足他们的要求，但也并不是盲目地任他所为，必须在遵守规则的前提下，满足他们合理的需求。

案例反思：

对于刚入园爱哭爱闹的孩子，老师没有耐心是不行的，新生对陌生环境需要适应，老师要耐心安慰他们，多和他们交流，多带他们熟悉环境和周围的小朋友。老师还要很快了解孩子的性格、爱好，先和他们交上朋友，让孩子喜欢和自己一起玩，让自己在孩子心中有地位，而且能与他们玩得开心，这样，他们会很快适应的，哭闹孩子的情绪很快就会安定下来。

我们还需要和家长做好沟通，做到家园一致，哄孩子并不是骗孩子，要对孩子说清楚应该怎么做。对时间他们没有概念，但对事情他们总是知道的，他们会在一件件事情中等待放学后爸爸妈妈来接自己时的欢乐。他们就在这个过程中，无形地适应了幼儿园生活，喜欢上了幼儿园的生活。我相信，只要我们摸索出孩子的个性，每个孩子都是可塑的。

四、怎样哄孩子吃饭

【案例四】 进餐

案例描述：

在幼儿园里，进餐是每日生活的重要程序，也是个有效的生活教育契机。无论是家长还是老师都希望孩子们能吃得饱吃得好，这也是有个健康体魄的前提。因此，吃饭是我们班的头等大事儿。

有的孩子饭量相对来说较大，不论是早餐还是中餐，阿姨每次都给孩子盛满满一碗，我觉得那饭量跟我每顿的饭量都差不多了，可每一顿都有好几个孩子要加饭加菜，有时甚至能吃好几个点心。

有的孩子饭吃得慢，尤其是冬季，孩子们在细嚼慢咽的前提下还得保证趁热吃，我观察过，一碗热饭20分钟后再吃就会冰冰凉。为此我们想了很多方法，督促孩子们尽量在20分钟内把饭吃完，如饭前让幼儿猜猜可能会吃什么，这能大大增加孩子们对饭菜的好感，因此加快吃饭速度；鼓励吃得慢的孩子和他人比赛；等等。可是当你能想到的办法都试过，吃得慢的孩子仍然慢慢地吃，眼看着饭菜就快凉了碗里还有很多饭时，任你是多好的脾气都会着急，于是孩子们边吃饭，老师便盯着那几个吃饭慢的孩子不停地念叨："加油！快吃！别人都吃完了，你再不加油就吃凉饭了……"有时候还会直接去喂，可是几天下来效果并不好，孩子们没有因为老师着急地催促而加快吃饭的速度。

有的孩子挑食，如下午吃菜包："我不爱吃菜包""我最不喜欢菜包了"……还没开吃，不爱吃青菜的那一小帮孩子已经在发愁嘀咕了。"不爱吃的东西，能学着吃，那就是很有勇气的孩子。你们有这样的勇气吗？"我这么一说，不爱吃菜包的孩子不作声了。眼看着吃完菜包的孩子们陆陆续续地去玩了，彤彤噘着小嘴开始咬了一口菜包。貌似味道还不错，彤彤开始一口接着一口地咬了起来。"老师，你看，我把青菜吃下去了。"彤彤举着咬去一大半的菜包，骄傲地跟我说。"老师，我也把青菜吃下去了。"睿睿的菜包也已经咬去了一大半。"你们都是很有勇气的孩子。不爱吃的东西，慢慢学着吃，就爱吃了。"彤彤和睿睿得到了我的肯定，觉得更得意了。这不，一个不受欢迎的菜包，就开开心心地下肚了。

有的孩子在学校能好好吃饭，但回家却不愿意吃饭。很多妈妈有这样的疑惑：宝宝在幼儿园能够乖乖地吃饭，但回到家里就总是调皮捣蛋，要他安静地把饭吃完真是比登天还难。

案例分析：

想要宝宝好好吃饭，我们怎么办才好呢？教你几招对付不肯吃饭的顽皮孩子。

（1）捣蛋型

幼儿园里总有一些小孩精力旺盛，即使在吃饭的时候也不忘捣蛋本性，一会儿东张西望，一会儿抓着汤匙或筷子"叮叮当当"地敲碗。孩子的注意力比较容易分散，而且他们并不明白吃饭意味着什么，当他们被周围的热闹环境所感染时，就很容易兴奋起来，所以有些小孩喜欢在吃饭的时候发出怪声音来引起大家的注意。家长不妨在大家围坐在饭桌前时先给孩子做好思想工作，告诉他大家坐在饭桌上将要干什么，让他学学身边的大哥哥大姐姐那样乖乖坐着。如果他的捣蛋已经影响大家吃饭，你可以告诉他："吃饭要安安静静哦，吵吵闹闹爸爸会吃不下饭的。没吃饭就没有力气工作，更没有力气带你去游乐园玩哦！"

（2）游走型

一些孩子容易坐不定，一到吃饭时间就兴奋得走来走去。在幼儿园的情况还好些，毕竟其他小朋友安静吃饭能对他起到影响作用。但很多家长向我们诉苦，到了吃饭时间，孩子一逮到机会就要四处游走，钻来钻去，家长只得追着他跑来跑去。每次吃饭都跟打游击战似的，把他们弄得筋疲力尽，孩子还是不肯乖乖地坐下来填饱肚子。每个幼儿园总有几个孩子特别好动，趁我们不注意就跑来跑去，追逐嬉戏。在这样的情况下，追着他跑是没有用的，他会认为这是一个追人的行为，反而会越演越烈。所以建议家长如果看到他吃了几口就跑开，你可以心平气和地说："好了，宝宝吃饱了。"然后把碗收掉，不要担心他吃不饱。你必须让他明白，在吃饭时间玩耍不乖乖坐下来吃饱饭就只能饿肚子。有过饿肚子的经验，他下次便不敢乱来了。

（3）边吃边玩型

在幼儿园，用餐时间是固定的，如果孩子吃饭时不专心，很可能在孩子还没吃饱时，用餐时间就已经结束，要开始进行别的活动了。所以没吃完饭的孩子只好饿肚子了。在家里，很多家长就没有注意让孩子保持吃饭的专注性，所以一些孩子会在吃饭时间看电视，或者玩玩具，玩几下就吃上几口，往往一顿饭要吃一个多小时。吃饭不专注，边吃边玩这是最不可取的喂食方式。在幼儿园的吃饭时间，我们会将玩具事先收起来，而且固定的用餐时间也能让孩子意识到时间的"紧迫感"。所以建议家长可以给孩子限制一个合理的时间，如40分钟，随后全家要一起出去散步或者看动画片，孩子为了不错过散步或看动画片的机会，就会专心吃饭了。在家里最好能在固定的地点用餐，如饭厅等纯粹的用餐环境，会使孩子不被其他事物所吸引，还有助于孩子形成条件反射。同时家长应该把玩具收起来，把电视关掉，避免分散孩子的注意力。

（4）慢吞吞型

幼儿园每个孩子的个性都不同，吃饭的快慢也有很大差异。一些孩子即使吃饭很专注，但还是吃得比较慢，咽下了这一口，那一口还不知要隔多久才会送到嘴里，一把勺子在碗中拨过来拨过去。这种情况我们就会想办法让他赶上其他小朋友的进度。宝宝都有爱玩好胜的特点，所以我们可以将吃饭当作个小游戏或比赛，让孩子有意识地加快吃饭的速度。比如让几个差不多年纪的孩子坐在一起，然后让他们比赛看谁先吃完饭，先吃完的老师表扬一下，或者奖励一朵小红花等。在家里做这个小比赛的时候，家长不妨将孩子的食物切小一些，方便他咀嚼吞咽，以免因为好胜心强而发生呛食危险。

案例反思：

我们常说教育机制，其实幼儿园的每一个活动都离不开老师机智的教育和及时的反思。当某一问题总是解决不了时，钻牛角尖是无用的，我们必须及时反思，以改变应对策略。作为幼儿园教师应该多以鼓励和表扬去激励每一个孩子，善于发现孩子的闪光点，无论孩子取得了什么样的进步，老师都要及时给予表扬，还要及时给予拥抱，亲吻孩子，或送给孩子小礼物，要让孩子从老师的身上感受到妈妈的温暖与和蔼可亲。

五、怎么哄孩子睡午觉

【案例五】 文文的故事

案例描述：

文文是我们班新来的一个小朋友。第一次和他接触，我就觉得他很活泼，在这个陌生的环境里，他一会儿就和孩子们聊上了，还结识了很多的好朋友。看到孩子可以这么快地适应新环境，我很开心。

但是，我却发现他不怎么喜欢午睡，每当进寝室午睡时他就哭着说："我不要睡觉。"我想，这可能是因为他不习惯集体生活。一天中午，小朋友们都陆续睡着了，可文文却还在动来动去玩个不停，我轻轻地走到他的床边，问道："文文，你为什么不睡觉呢？""我在以前的幼儿园从来都不午睡的。"文文回答我。"哦，原来是这样。"知道原因之后，于是，我先不强求他午睡，而是跟着他一起玩玩具。我特意拿来一个小布偶，把它放在小床上，给它盖好被子，说："娃娃真乖呀，吃饱了就来睡觉，睡醒了老师给你演木偶戏。"谁知文文很敏感，立刻说："老师不许说我，我就不睡觉。"我觉察到我的话引起了他的反感，就改变了办法，自言自语地说："小朋友们都睡觉了，他们睡的时候是闭着眼睛还是睁着眼睛呢？我真想去看看。文文，你愿意陪我去看看吗？"文文点头同意了。寝室里很安静，我轻声对文文说："你看玥玥张着嘴，璋璋有点打呼噜，丽丽还笑呢，真有意思呀。"说完，我把他领到他的床边，让他坐在床上看小朋友睡觉。过了一会儿，我对他说："坐着看多累呀，咱们躺下看好不好？"文文顺从地躺在床上。我说："鞋那么脏，穿着鞋把新床单都弄脏了，咱们脱了鞋，躺着看吧。"文文脱了鞋躺在床上东张西望，室内一点声响也没有，只听到均匀的呼吸声。我就陪在他身边，摸摸他的头，不一会儿文文的眼睛就开始打架，慢慢地进入了梦乡。

第二天午饭后，文文主动提出要进寝室看小朋友睡觉。第三天，文文午睡时，听从我的意见，把外衣脱掉，盖着被子看小朋友睡觉……经过几天以后，文文愉快地对我说："老师，我也和小朋友一起睡觉吧。"就这样，文文很快养成了按时午睡的习惯。

案例分析：

幼儿午睡是幼儿园活动中的一个重要环节。午睡有益幼儿身心发展，直接影响幼儿下午的精神状态，还能补充有的孩子夜间睡眠的不足部分，增强机体防护功能。但是孩子们可不知午睡很重要，如何让孩子乖乖上床睡觉，对老师们来说却是一大难事！平常在家里，一个孩子都要父母哄半天才肯去睡觉，何况一大堆孩子凑到一块，只有2～3个老师的情况。那么对于不肯睡午觉的孩子，老师应该怎么办呢？

（1）蹲下来听听孩子怎么说，不要不分青红皂白，强迫孩子入睡。如果是吃撑了，不要急于让孩子入睡，避免孩子消化不良、食物倒流等危险情况。

（2）如果孩子不困，可以让孩子躺下，闭上眼睛，放松放松！孩子在闭目养神时，总会在"不知不觉"中进入梦乡，幼儿睡下半小时后大多能睡着。但个别幼儿有时很难入睡，教师可通过哄拍、抚摸、轻轻哼哼等使幼儿尽快入睡，必要时可播放催眠曲。

（3）对睡觉时需要有人在旁边陪的孩子，可以轻轻摸摸孩子的头、拍拍孩子的背，对孩子竖起大拇指，孩子就会安静入睡。

（4）给予适当表扬和鼓励，给闭上眼睛、盖好被子的孩子奖励小红花，孩子就会乖乖听话了。

（5）对于个别特别调皮的孩子，在不影响其他孩子休息的前提下，给予有限度的自由，如安排他去教室里画画或看书等，过了一会儿，他疲惫了再让他回来午休。

幼儿园孩子午睡时务必做到"一听、二看、三摸、四做"：

（1）一听：听听幼儿的呼吸是否正常。

（2）二看：看看幼儿的神态，严密注视幼儿的举动有无异常；发现问题，及时处理。

（3）三摸：摸摸幼儿额头的温度。

（4）四做：对个别踢被子的孩子要为其盖好被，不让孩子蒙头睡；到了起床时间，要叫醒孩子。

培养幼儿良好的午睡习惯：

（1）要培养幼儿有顺序地穿脱衣服、鞋袜并整齐地放置在一边的习惯。幼儿脱衣服时，要求从下往上；穿衣服时，要求从上往下。这可以使幼儿在天冷时避免受凉。脱下的衣服应有顺序地放置在小椅子上，不然会使午睡室杂乱无章，也会影响幼儿起床时穿衣服。

（2）要培养幼儿正确的睡姿。幼儿的睡姿正确与否，关系到幼儿睡眠的质量和身体健康。俯睡会压迫心脏，使血液循环受影响，左侧卧同样有影响；蒙头睡则会使幼儿不能舒畅地呼吸到新鲜空气。所以，教师必须培养幼儿仰睡或右侧睡的正确睡姿。教师除了要向幼儿讲明道理外，还要经常予以提醒和纠正。

（3）要培养幼儿按时入睡、不讲话的习惯。幼儿午睡期间，不管是入睡前还是醒来后，都要求他们不要讲话。入睡前讲话，不但自己难以入睡，还会影响别的小朋友入睡，醒后讲话，更会吵醒其他小朋友。

总之，幼儿园孩子午睡时，老师一定要照看好每个孩子，时刻观察孩子的睡眠情况：一旦发现孩子蒙头睡、趴着睡，一定要注意调整孩子的睡姿；孩子踢被子，要帮其盖好被子；孩子睡觉时出汗，要帮其擦汗。如果发现异常情况，如孩子咬被子或枕巾、脸色和嘴唇苍白、呼吸急促、浑身发抖等，老师要及时送孩子去医院就医。

案例反思：

通过这件事，我更加确信只要用真心去对待孩子、教育孩子，每一个孩子都会成为父母心中的乖孩子、老师心中的好孩子。

六、怎么处理孩子尿裤子

遇到孩子尿裤子，我们老师要好好注意一下自己的言行，特别是在班级里，尽管那是对个人的言语，但要考虑到那样一个大的环境，考虑到整个班里的孩子，要做一个模范，从言行开始，那是最基本的，也是最重要的。那么对不同的情况教师要采取不同的方法引导、纠正孩子尿裤子的问题。

1.纠正动机，让孩子不再尿裤子

【案例六】 帅帅的故事

案例描述：

我班的帅帅小朋友，人长得不高，但很帅，就是有点内向，不爱说话，都上中班了，平时我都不见他说句话，也不和别的小朋友交往。最近发生的这件事，让我哭笑不得。这不，他一个星期尿裤子三次，都是中班孩子了，还尿裤子。他第一次尿裤子的时候，我以为他中午喝水喝多了，平时说话声音很小，到了中午睡觉的时候，不好意思说，所以尿裤子了。我给他换上干净裤子，并和他家长说了事情的原因。可是第二、第三次尿裤子，我就不明白了，平时中午吃饭的时候，我尽量让他少喝点水，可是结果他还是尿了。他妈妈说："在家里他不尿裤子，不知道为什么到了幼儿园他就尿裤子，在家里为这个事情我也没少揍他，不管用。"

案例分析：

有一天，我把他叫到跟前，和他谈心，他告诉我说："尿了裤子，可以回家去玩，妈妈可以来接我。"原来是这样啊，我知道了他的想法后，告诉他，在幼儿园可以和老师跳舞，唱歌，做游戏，多好啊。他似乎也明白了这些。我把他的想法告诉他妈妈，我们家园一起努力让他恢复到了以前，他不再尿裤子了。

2.鼓励表扬，使孩子远离尿裤子

【案例七】 阿宸的故事

案例描述：

阿宸是个特别可爱的小男孩，长得胖乎乎的，圆圆的大头上常常都是汗，看似很调皮，跟他说话时总会表现出爱答不理的样子。经过几天的观察，我发现他特别会玩儿，好奇心很强，喜欢探索，只是不太喜欢和他人亲近，但这主要原因在于他常常尿裤子。于是，下午放学时，我跟他妈妈聊及了此事，妈妈对于此事也很无奈，但似乎也没有太好的办法去改变，但她表示积极配合我们的工作。我只要求家长在家尽量少说教，多鼓励孩子，帮助孩子树立自信。一天午睡时，孩子们都睡得很熟，他突然起来说要上厕所，对于熟睡中的孩子来说这也是一件不易之事，这是一个表扬他的绝好的机会，下午起床后我们及时地表扬了他。这时的表扬就是一阵及时雨，让他的微笑里充满了自信，我们相信，在不久的明天，尿裤子很快就会远离他。

案例分析：

阿宸尿裤子的时间一般都是在玩区域游戏或户外活动时，这两个时间段都是孩子们最自由和最兴奋的时候，这也是宸宸尿裤子的主要原因之一。我们首先在玩之前提醒他一次，如果忘记了，即使他尿裤子了，对于这件事也不宣扬，尽量不让其他孩子知道，保护好孩子的自尊心，有时候孩子很敏感，有的话不说出来孩子也明白老师对他的用心。家长在这方面也是积极地配合，关于尿裤子这件事尽量少说。孩子感受到了大人对于此事的重视，他自己也在暗暗下决心。渐渐地，我们看到了孩子的进步。

3. 害怕打针，令孩子不敢尿裤子

【案例八】 润润的故事

案例描述：

每天都有几个小朋友是坐校车来幼儿园的，由于孩子自理能力差，他们家长也都会让宝宝带着换洗的裤子，因为宝宝小，尿裤子是经常的事，家长也习惯了。一天早上做完早操，我们班的宝宝集体站好队去厕所小便，到了厕所门口大家都自觉地去了男女厕所，只有润润没有去厕所。于是，我就过去提醒他，他说他不小便，我用手一摸他裤子，他已经尿裤子了。我把他抱到屋子里边给他换裤子边说："润润，现在天气冷了，你要小便要跟老师说，不能尿裤子了，很冷啊。"

让我意想不到的是他的回答："没事，我奶奶给我还拿了一条裤子，你再给我换。"我真的不敢相信这是两岁孩子的思想。我接着说："润润，你怕不怕打针啊，现在天气冷了，尿裤子容易着凉，会感冒的。感冒了就会打针，这是奶奶给你拿的最后一条裤子了，你再尿裤子就会打针了。"他就默默地没说话。到了第二天，我又提醒了他一次，我说："润润，今天奶奶没有给你带换洗裤子，你今天小便要和老师说，我陪你去厕所，好吗？"渐渐地，润润再也没有尿过裤子。

案例分析：

我觉得每个宝宝都是一个"小人精"，我们不能忽略他们的思想，他们其实懂得一些简单的道理，只要我们慢慢地引导他们，他们会越来越听话懂事的。

4. 注意言行，让孩子不再尿裤子

【案例九】 昕哲的故事

案例描述：

那天我在上课，刚上了一会儿，突然乖巧的昕哲站起来说："老师，雨辰尿裤子了。"我连忙走过去查看，（雨辰平时是个不错的孩子，性格也很外向，不是有事情不和老师说的那种孩子，今天怎么不说了呢？）看到她低着头不说话，便轻轻地问她："身体不舒服吗？小便怎么不跟老师说呢？"我一问，雨辰的眼泪"哗"地流了下来，她一边哭一边闷声回答："我—以—为—你—会—不—同—意。"顿时，我感到无比吃惊，难道我在孩子心目中是不让孩子小便，尿裤子的老师吗？亏我还一直觉得自己虽然表现得不是最好的，但起码是好说话、容易亲近的！

　　虽然当时感觉一颗心沉入海底，不过我还是先为她妥善地处理好，打电话给他妈妈说明了情况，并拿来了衣服帮他换上。事后课间活动时与孩子聊天，我便和气地问道："你们觉得张老师凶吗？"所有的回答都是这样的："不凶。"就连雨辰也满脸笑意地说不凶。听到孩子的回答，让我有点丈二和尚摸不着头脑了。我真想知道雨辰要小便时为什么不说啊！可是我又不能这样直接地问。于是我第二次尝试着说："雨辰，你今天是不是哪里不舒服啊？"雨辰摇头说："没有，只是因为我今天早上喝了两碗粥，吃得太多了。""那你上课前没有小便吗？"雨辰低头说："没有"。总算找出了缘由，可是那句话在我心中却也留下了不浅的痕迹。于是我开始反省自己的言行。

　　案例分析：

　　其实有时候孩子在上课的时候小便是因为想出去玩，所以我会不让他们去，不过对于有些特顽皮捣蛋的孩子，有时我会开玩笑地说："今天你再不听话，就不让你小便了，你尿裤子里好了。"这样的教师语言会导致别的孩子听到后就有了另外的理解。偶尔尿裤子是很正常的事，但是由于语言的不规范，我在无意中伤害了孩子的自尊心，使他们对老师不敢说真话。如果当时我多为孩子考虑一下，重视孩子的人格和尊严，不用调侃而又带责备的话语，而是使用富有教育艺术的语言，轻轻地告诉他"没关系，我们换条裤子吧！大人小的时候也像你一样尿裤子"或许收到的效果就会很不一样。

　　案例反思：

　　为什么幼儿已入园还频频出现尿裤子的现象？随着社会的进步，人类却似乎在退步：现在多数幼儿在婴儿时期都使用过纸尿裤，大人是轻松了，不需要每天洗尿布了，夜里也可以睡个安稳觉了，可孩子呢？他们养成了有便就拉的习惯，根本就不知道"把尿"是怎么回事。随着孩子慢慢地长大，家人又开始过多地不放心而束缚着孩子：不放心孩子一个人睡觉、不放心孩子自己吃饭、不放心孩子在幼儿园是否有人欺负……正是这些不放心，让孩子在幼儿园放不开手脚，什么事都等着大人帮忙，他们的自理能力也越来越差。由于这双重原因，幼儿已入园仍然尿裤子也就不奇怪了。

既然遇到问题了，就得想办法解决，那么遇到孩子尿裤子了，要怎么处理呢？

第一，遇到孩子尿裤子了，家长和老师都不要打骂孩子，但要让他看到你不高兴，认识到尿裤子是错的。老师要教会他想尿时一定提前跟大人说，有任何问题都可以举手告诉老师，出门或睡觉前少喝水。家长在孩子上学时，给孩子带一套备用的衣服，万一孩子尿裤子，则有换得衣物，不至于让孩子穿着湿裤子受罪。

第二，平时上课，老师每过一段时间就要主动询问孩子有没有尿意，而且平时要告诉孩子排尿的好处，要告诉孩子有尿意了，就要告诉老师，并主动及时小便。

第三，对于孩子的自理能力来讲，老师也要从天暖时就鼓励孩子学会小便，形成习惯。同时，要让小朋友的家长帮幼儿里面穿的棉裤、毛线裤全部拆成开裆，小便时只需拉外面的一条裤子即可。这样一旦到了冬天，孩子就不会再因为衣服增多，而不愿意小便了。

第四，如果是其他因素造成孩子不愿意排尿，则老师要给予足够的耐心。如果是因为学校厕所的问题，则老师可以给孩子适当地进行一些改变，如准备一个小便盆，让孩子不至于同时排尿时，没有厕位而导致憋尿。另外，老师也需要消除孩子的恐惧心理，向孩子们讲明白排尿后需要用水冲厕所。

第五，发现孩子尿湿裤子时，老师不应该当着其他小朋友的面责备孩子，更不应该当着其他小朋友的面给孩子换衣物，否则会让孩子形成羞愧心理，也会被其他小朋友嘲笑，导致自尊心受伤。老师需要多跟孩子交谈，告诉他尿裤子没事，裤子尿湿了老师帮他换，不要担心。

当然，孩子尿裤子有多方面的原因。首先，应该排除病因，一般来讲，只在幼儿园才尿裤子的孩子都不是出于病因。家长回想一下，孩子小时候是不是经常使用尿不湿，如果是这样，就是家长方面的原因，给孩子造成了"想尿就尿"的条件反射。其次，还可能是孩子玩得过于投入，忘记想尿的事。最后，小孩子尿裤子也有幼儿园老师管得过严等原因，如胆小的孩子不敢说。当然，无论什么原因，对于孩子来说，尿裤子都是很没面子的事儿。想要解决这个问题，首先得做好家园沟通，家园一致，才能快速帮助孩子纠正尿裤子行为，否则越大越会给他造成心理阴影。

第四章

教研

做新课改的弄潮儿，
当新时代的传导者

第一节

教育观念转化为教育
行为的实践

对教师来说，转变教育思想的核心任务是解决正确的教育价值与传统的教育实践的矛盾，园长的任务是帮助教师有效地将这对矛盾转化，使正确的教育思想真正转化为教师的教育行为。在这一转化过程中，我们的做法如下。

一、管理保证

所谓管理保证，指的是"在课程设置、计划安排、组织形式"等方面，为教师创设实施新观念的机会与条件。例如，在课程安排上我们提供给幼儿更多的自主活动和动手操作的时间和空间；在组织形式上将个别化教育、小组教育与集体教育有机结合，以保证新观念在组织形式这一方面的落实。在计划制订上，我们变五大领域为共同生活、探索世界、表达表现3大块，使教育在制订计划、实施计划的过程中能向《纲要》靠拢。

二、指导方法

园长每周保证一至两个半天深入课堂，了解教师新观念转化为教育行为的情况，并进行相应的指导。指导方法如下。

（1）分析引导法，即当我们看了教师的半日活动后，与其共同探讨分析，请教师思考：你的教育活动中有哪些正确教育思想作为支撑点，在教育行为中如何体现？有哪些行为还没有体现正确的教育思想，如何体现？在此基础上引导教师在情感交流、兴趣激发、方法指导、非智力因素培养等方面，认真研究教育内容、研究孩子，帮助教师将正确的教育思想落实在教育行为中。

（2）概括提升法，即把教师教育实践中一些好的做法、好的行为进行总结提炼，使之形成可操作的带有规律性的经验。例如，看了一位教师成功的教育活动后，帮助她总结提炼出以下成功的因素：教育目标突出发展性，表现在目标的多元性、具体可操作性，落脚在幼儿的最近发展区，这是"促进幼儿发展这一观念的行为上的体现"；教育过程的开放性，包括材料开放、环境氛围开放、提问的开放，而这种教育过程的开放性，强调尊重幼儿、重视幼儿的自主精神，让幼儿通过自身与环境的相互作用获得经验，这是幼儿主体性发展观念的体现。我们将这些概括提升的经验与教育观念紧密联系，帮助教师在实践中将教育观念与行为有机结合并不断强化。

（3）宣传发扬法。当我们发现教师在教育实践中体现出新的正确的教育观念时，就大力宣传，加以发扬。我园每月有一次活动名曰"隆重推出"，即将正确的教育思想转化为教育行为，在教师实施后，教研组组织观摩其教学活动，并将其教学活动拍摄成录像供教师本人和教研组研讨、分析、互帮互学、共同提高。宣传发扬使良好的教育行为由点及面、扩大延伸。

三、教育研究

教育研究是提高教师保教能力的主渠道，那么它在帮助教师将正确的教育观念转化为教育行为的过程中主要作用是什么呢？我们认为它主要的作用体现在两方面：第一，对教师在两个转化过程中迫切需要解决的共性问题在理论上、思想上进行梳理，以提高认识；第二，建立与这些认识相匹配的行动策略（实施策略）。而园长在此过程中的作用有以下三方面。

1. 园长做新观念的带头人

在帮助教师将准确地将教育观念转化为教育行为的过程中，园长的观念至关重要。园长的学习必须超前于教师，园长的信息必须领先于教师，因此园长平时应抓紧时间学习教育教学理论知识，尤其是对教育的理念进行反复、深入的认识，使自己的教育思想紧紧跟上时代的步伐。

2. 加强教师的理论学习

我们认为缺少理论指导的实践，只是处于低层循环的实践，而缺乏实践必须理论结合实际，才能将正确的观念转化为教育行为。在教育研究中，我们注重寻找理论依据解决教师实践中的共性问题。例如：在将观念转化为实践的过程中，教师遇到的首要问题就是"师生互动"。那么，如何促进"师生互动"？针对这一问题我们展开理论学习，运用互动原理、师生共振教学原理等分析互动的起因、互动形式、互动方式，然后建立互动教育模式。而这种互动模式是建立在"教学论"的基点上，以幼儿在教育过程中与教师、幼儿、教育中介的交互活动行为的发展规律为主线，反映其与幼儿认知过程、情绪过程的对应关系，增进师生情感交流，发挥

"教"与"学"的积极性，让幼儿生动、活泼、主动地发展。这种互动模式体现了当今在正确教育理论指导下的先进教育思想和教育观念。通过教育研究，教师们对互动的认识上升到理论这一高度，提升了认识的层次。

3. 帮助教师形式行动策略

许多教师在实践过程中不能体现正确的教育观念，也就是我们通常所说的教育观念不能转化为教育行为，不仅仅是认识问题，更重要的是没有形成与正确观念相吻合的教育策略，即行动策略，而行动策略是帮助教师将观念转化为行为的中介。因此，园长应帮助教师掌握教育行动策略，为教师在观念与行为这两点上架起一座实践的桥梁。例如："互动模式"的建立还仅仅停留在认识上，尽管这个认识层次较高，但还是理性的认识。要想将这一认识转化为行为，必须形成与互动模式相匹配的行动策略。我们在教育研究中通过对各种教育策略进行筛选、改造、组合，形成具有优化"教育互动"特征的3大策略：

（1）情感交流策略。所谓情感交流策略是指，教师需关注每一个孩子，了解每一个孩子，能探求孩子的内心情感，与孩子产生心灵与心灵的呼应。它包括3方面：师生互爱、教学民主、人格平等。情感交流策略是"互动"的基础。

（2）共同参与策略。所谓共同参与策略是指，教师在活动中灵活地进行角色转换，使每个孩子都能主动、积极参与活动。它包括3个方面：全体参与、个体参与、主动参与。共同参与策略是"互动"的手段。

（3）教学互补策略。所谓教学互补策略是指，教师的教法与孩子的学法一致，教与学相辅相成。孩子能通过教师的指导点拨获得发展；教师则在发展孩子的同时发展自己，从而积累成功教育的经验。此策略包括教学策略与学习策略两个方面，它是"互动"的实质。

第二节

根据儿童的好奇心
来选择教学主题

鉴于学前班、幼儿园和小学低年级都属于幼儿教育的范畴，课程设置自然就要根据不同年龄段儿童的发展特点和需要来确定。比如学前班儿童的思维特点是介于感知运动和具体形象思维之间，需要从日常生活环境中摄入大量的信息来为未来的抽象逻辑思维奠定基础，所以幼儿教育专家们认为，这个年龄段的学习应该以直接动手为主，通过发现来完成。

我们都知道，打基础的工作其实就像砌墙一样，零碎发现的知识如同是一块块的砖，形不成一个完整的结构。只有让一块块的"砖"互相之间建立起联系，这个基础才会扎实、有力，将来才能够承受更多、更重的分量。为此，美国学前班的课程设置基本上是采用"综合课程"的模式，实行主题教育，不分科教学，并以游戏为主要的教学方式。而幼儿园是孩子们准备升小学的一个过渡阶段，游戏和上课大约各占一半。虽然教师的主导作用比在学前班阶段更为明显，但教学方法仍然以具体形象、直接动手为主。待到孩子们升入小学以后，分科教学就逐渐成为主要的教学方式，内容有语文、算术、社会、科学常识，还有音、体、美等课程。不过专家们还是一再呼吁和提倡要在小学初级阶段继续保持幼儿园教学的一些方法，以适应孩子们的思维发展特点，帮助他们向更高一级的思维水平过渡。

美国的学前教育没有统一的标准，也没有统一的课程或教材，是由每个学前教育机构（如学前班、日托中心等）根据本机构的教育理念、教育方针和教育对象来自行决定教学纲要的，而通过教学来实施教学纲要的"权力"往往就"下放"到带班的老师身上了。美国幼儿教育协会大力提倡"适应儿童发展水平的教育实践"，其中包括了对教学方法、教学内容、教育评价等很多方面的改革。这个改革对美国幼教界的教学理念和教学实践产生了很大的影响，我们中国对这个新潮流也有所介绍。不过我觉得，要想真正实现这种改革，关键还是要改变教师的观念，然后通过观念的转变来影响他们的教学实践。

让我来具体谈谈我们幼儿园的课程设置问题吧。咱们都知道，适应儿童发展水平的课程应当以儿童为中心，以儿童的特点和需要为出发点来确定。遵循这个原则，我和园里的同事一起试着改变旧有的传统课程结构，根据儿童的好奇心所在和提出的问题来确定一些教学主题，并根据幼儿的兴趣来灵活使用。比如说，幼儿期的孩子往往分不清想象和现实的差别，他们经常问的一个问题是"这是真的还是假的？"于是我们对孩子的问题稍加扩展，形成了一个大主题——"怎样去发现这是真的还是假的"？在这个主题之下，我们结合和扩展了一些传统的单元主题。比如在认识感觉器官的基础上进一步尝试如何综合运用感觉器官来判断物体的真假；在传统的"认识野生动物"的单元主题基础上加进了卡通形象、恐龙等内容来增加内容的复杂性，培养儿童做出判断和解决问题的能力。其他一些比较大的主题还有"物体是怎样动的""物体是怎样变化的""梦是真的吗""人和动物死了以后会怎么样"。这些主题涉及的内容都很广泛，给教师非常大的灵活性来制订具体的教学活动计划；这些主题又都是来自孩子们的疑问，从孩子的角度来看问题，所以孩子们很容易接受和参与进行。每年开学前我们还针对当年新入园孩子的具体情况来确定相应的课程主题。即使我们教的是传统主题，如介绍各种职业，我们也通过"我上学的时候爸爸妈妈在做什么"这样一个大主题把教学内容和孩子们联系起来，同时请从事各种不同职业的家长到学校来参加教学。以孩子的兴趣为出发点选择主题，就把旧有的"由上而下"的以教师为中心的选题方式，变成了"自下而上"以儿童为中心的选题方式。主题以问题的形式提出，本身就带有一种挑战性，更有利于激发孩子们的学习动机。其实，假如你仔细琢磨一下就会发现，教学的根本目标和基本内容可能并没有很大的变化，改变的主要是教师的传统观念。一旦教师能够从孩子的视角来看课程，教学的效果就可能会非常不一样。

前面我讲了，美国的学前教育阶段基本上采用的是综合教学的方式。综合教学以一个主题为中心，以游戏为主线，贯穿各种教学活动，使孩子们能够从不同的角度、以不同的方式来探索和学习同一个概念。孩子们可以把学到的东西迁移到不同的情境中去应用，有利于知识的融会贯通，得到的知识当然就比分科孤立学到的要扎实得多。

例如，美国学前班每年都要养一些蝴蝶，让幼儿观察蝴蝶的成长变化，进而理解生命周期的概念。幼虫从孵化到蜕变成蝴蝶，要经过5至7周的时间，我们的教学活动当然就得延续这么长时间。我们把这个主题活动和其他的主题活动（如"物体是怎样变化的""季节变化"等）自然地穿插起来，让孩子们通过美术、音乐、角色游戏、手工制作、看书、讲故事、观察、比较、记录等自选游戏活动和教师指导的活动来积累有关知识。到蝴蝶长成的时候，孩子们通过亲身的体验学到了系统的知识和技能。

其实咱们中国的幼儿园也经常有类似的活动。记得我小时候上幼儿园，我们班上就养过"蚕宝宝"，饲养的过程是一样的。不过，有心的老师会有意识地把这个"课外活动"融入课程中并加以扩展，而无心的老师就由于没有意识到这样一个"简单"活动中包括的丰富内容而失掉很多教育机会。这就又一次体现了教师的教育理念的指导作用。

其实每个老师都有一些好的教学方法和经验值得和别人分享。不过，只有那些能够适应自己学校的环境条件、满足自己班上孩子需要的方法和内容才是真正有用的东西，所以我们可以互相交流、探讨，而不要全盘拒绝或全盘照搬。

第三节

为幼儿的学习"搭架"

支架教学作为一种新兴的教学策略，近年来在国内外教育教学理论和实践领域日益受到重视。究其原因，从根本而言，是因为人们在经历了教师中心和儿童中心两种极端教育的惨痛教训之后，感到有必要寻求这两者之间的契合点。

而支架教学的实质——教师通过给儿童的学习"搭架"，让儿童学会积极主动、独立自主、创造性地解决问题，恰恰集中体现了教育教学界改革的精神和宗旨，即通过充分发挥教师主导作用引发、提高和完善儿童的主体性。

那么，教师给儿童的学习"搭架"的前提是什么？支架教学适合幼儿园教学吗？教师如何给儿童的学习"搭架"？

一、给幼儿学习"搭架"的首要前提是最佳问题情境

支架教学理论基础的核心是维果茨基提出的颇富创见的"最近发展区"的思想。如果泛泛地谈两种发展水平，"最近发展区"是虚幻的、难为教育者捕捉的；如果将其具体化为两种解决问题的能力，则教育者可以通过创设最佳问题情境来创造儿童的"最近发展区"。

那么，什么样的教学情境是最佳问题情境、是处在"最近发展区"的问题情境？最佳问题情境应具备的三条基本标准是：

（1）包含应该向儿童揭示的未知的东西——反映需待儿童解决的对象的内容方面；

（2）能够引发或已经引发了儿童对未知东西的认知需要——反映儿童解决问题的动机方面；

（3）儿童在他人帮助下解决问题的可能性，而非其独立解决问题的可能性。可能性反映儿童解决问题的工具和内部条件，解决前者需依赖的内部条件要高于后者。换个角度说，问题使儿童目前的认知起点同需待实现的目标之间存在着一定的时间、空间和心理距离，这种距离有长短之别。儿童不能独立解决的问题所产生的距离明显比其能够独立解决的问题所产生的距离要长远，因此需要外在的帮助和线索来实现问题的解决。

上述三条标准相辅相成，密不可分。未知的东西是问题情境的核心成分，是教学情境成为问题情境的首要前提。可是，如果教学情境中只有未知的东西、只有问题，缺乏儿童解决问题的需求和可能，则这个问题只能是外在的、他人的、教师的问题，而无法转化为儿童自己的问题，更无法使儿童创造性地解决问题。在这种情境中的教师的教学，无异于对

牛弹琴。

如果教学情境中有问题，也有儿童解决问题的可能，唯独缺乏儿童的认知需要，则教师需要调整情境中的物质成分（如材料的选择与空间安排）和心理成分（如师生关系、教学策略），使儿童能发现问题并产生解决问题的内在愿望。如果教学情境中的问题能够引发儿童的兴趣和动机，而且儿童具备独立解决问题的知识经验和能力，那么，这样的教学情境就是一个合格的、适宜的问题情境。儿童通过独立地解决问题必然会形成新的知识经验和能力，而前一阶段问题解决的结果又会充实和丰富他进一步解决更复杂问题的内部条件。这样的教学情境似乎已经非常完美。但是，如果儿童能够积极主动、独立自主、不需教师或他人帮助就解决了教学情境中的问题，说明这一教学情境中的问题或任务对儿童的挑战性远远不够，并未促进儿童最大限度地发展，并未处于儿童的最近发展区内。可见，同时具备上述三条标准的教学情境的实质，是具有挑战性的问题情境，是处在儿童最近发展区内的问题情境，是最佳问题情境，而它的根本作用在于使儿童把外在的问题转化为自己的问题，并自觉自愿地投身到解决问题的过程中。因此，最佳问题情境是教师给儿童学习"搭架"的前提和保证。

教师如何有计划地创设或在教学过程中机智地捕捉最佳问题情境呢？从宏观层面而言，这取决于教师的综合素质，取决于教师对儿童已有知识经验和能力的全面深入地洞察和了解，取决于教师把握儿童思考脉络、进入儿童内心世界。心灵世界的探索能力，取决于教师融会贯通地理解和掌握教育教学目标、内容、策略、方法，取决于教师在教学情境中的创造性和机智。从具体的可操作的层面而言，教师有意识地经常运用上述三条标准来衡量、评价、反思计划中的、实施中的和以往的教学情境，无疑会有助于他创设或发现最佳问题情境。

二、支架教学尤其适合幼儿园的教学

首先，幼儿的自发学习存在局限性。幼儿思维的具体形象性和感知运动性决定其有效的学习方式是"在做中学"，在活动中学习，在探索操作、观察模仿中学习。但是由于幼儿身心发展的局限，他的自发活动往往处于盲目和无意识的状态中，他常常不能认识到事物之间存在的普遍联系，不能发现环境中存在的问题，不能判断和选择对其身心发展有益的问题，更缺乏不畏困难挫折的意志力以及有目的、有计划地实现目标和解决问题的能力。

其次，幼儿园教学实践脱离幼儿最近发展区。据我们初步的观察和分析结果表明，目前幼儿园教学（尤其是集体教学）普遍存在着三个问题：一是教学活动中没有真正意义上的问题，教师为"教"而"教"，幼儿的活动往往仅限于在新的方式下进行重复练习；二是教学活动中的问题缺乏挑战性，教师常常花费大量的时间和精力引导幼儿认清教师设置的问题、明确自己的学习任务，幼儿则往往能够独立或直接模仿同伴而完成任务，无须教师提供指导或帮助；三是当教师发现幼儿遭遇挫折而难以继续活动时，不知如何提供有效支持和帮助，常常是简单告知其解决办法或指责幼儿未能注意和理解自己的有关讲解，漠视这个处在儿童最近发展区的问题情境，贻误了最佳教育契机。

最后，支架教学有助于提高教学效益。支架教学要求教师精心选择和设计、有意识地发现最佳问题情境，紧密跟随幼儿的思考脉络，把握时机提供恰当适宜的"支架"，并最终撤除支架，使幼儿能够独立解决挑战性的问题。这一系列的过程不仅能够避免幼儿自发学习产生消极影响的可能，缩短幼儿漫长的、"试误"的学习过程，而且能够改善幼儿园教学的尴尬局面，将教师的"教"和幼儿的"学"有机地结合起来，提高教师"教"的效率和幼儿"学"的效率。

三、如何在最佳问题情境中为幼儿的学习"搭架"

教师在实施教学计划的过程中仍然用传统的教学策略，向学生灌输正确的问题解决方法和警告勿犯的错误，采用单纯练习技能的教学情境，抑制了幼儿自己动手、动脑探究的愿望和修正错误的机会。

下面我们以大班美工课"如何剪出一串完全相同的图形"为例，说明如何在最佳问题情境中为幼儿的学习"搭架"。

教师：（左手拿一张对折好的、画着小人的纸，右手拿一把剪刀）老师拿这张纸给小朋友剪个小人，你们看我是怎么剪的？……你们看我的小人待会儿会变，它能变成什么样子呢？（全班幼儿神情专注）

A幼儿：变成好多好多。

B幼儿：连上了。

C幼儿：变成好多好多小人了。

教师：好多小朋友都看出来了。我剪完了以后是一个小人，对不对？可是怎么一个小人会变成这么多小人呢？好玩吗？你们看这些小人都是什么样子啊？

个别幼儿：手拉手。

教师：手牵着手。你们想做吗？想做，那谁聪明，告诉老师是怎么做的？怎么一个小人变成那么多小人了？谁来给我做一遍？

个别幼儿：好几张纸叠起来。

教师：是好几张纸叠起来吗？好几张纸叠起来能连着吗？

全体幼儿：不是。

教师：怎么做的？

A幼儿：折起来。

教师：A你来。怎么折？小朋友们，看看A的方法是不是跟老师的一样？是不是这样折就对了呢？你们看每一个小人可是一样的啊，还能把它收回去，变成一个小人。

个别幼儿：老师还能变魔术啊。

教师：你们看，A折完了，是这样的（把A折好的纸打开）。我要在这儿画一个小人，看看剪完了以后是不是会有一个小人是半个？

A幼儿：都是连起来的。

教师：是连起来的，是不是有一个小人是半个？

A幼儿：对。

教师：我剪的有半个小人吗？

A幼儿：没有。

教师：（面向全班幼儿）他折的有点毛病，但是他说的是对的。折的方法怎么能让每个小人都一样而不会有半个小人呢？动脑筋想办法，（对A）你回去想，回去试试。谁有好办法，让那些小人都是一样的？B有好办法吗？来，试试。每个小朋友都要想，待会儿我给每个小朋友一张纸，每个小朋友都要试。你们想想用什么方法就能让每个小人都一样大呢？刚才老师折完了，每一格是一样大的。你们看A的这几格打开是一样大吗？

部分幼儿：不是。

教师：他边上这一格特别小，其他几个格差不多。用什么方法能让每一格都一样大呢？

C幼儿：对折。

教师：什么方法？（对C）你说，怎么做？（给C一张纸，C从纸一边卷着折）这叫对折吗？C说的方法特别好，可是他说的方法跟他做的不一样，什么叫对折呢？（C幼儿仍然在卷着折）这样，卷着折最后剩的纸还是一样大吗？你刚开始怎么能知道就留这么一块纸呢？你怎么能知道从哪儿开始折呢？如果是对折的话，你应该怎么分呢？你看看B折了半天，每一格也不一样大，那用什么方法才能大小一样呢？

个别幼儿：不知道。

教师：想一想，咱们平时折纸的时候怎么折的？咱们原来折过四方形的纸，打开以后两边的纸是否一样大？如果我把两边对齐了这么对折，一样不一样大？这两张纸是不是就一样大了呀？然后，我怎么做？

个别幼儿：再折。

教师：对，再折，那再打开是几张纸了？

部分幼儿：4张。

教师：是否一样大？

部分幼儿：一样。

教师：那我还可以怎么折呀？

部分幼儿：再折。

教师：是否还一样大？数数？8个纸格是否一样大呀？

全体幼儿：一样。

教师：明白这方法了吗？

部分幼儿：明白。

教师：对，每一次都把纸两边对折，多折几次。折好了以后，打不打开？不打开，画上你要剪的东西、要剪的小人。你们看，老师这儿有几样东西？不一定都是小人，我还剪了一串什么呀？

部分幼儿：鸭子。

教师：不过你们得注意，不是对折好了吗？不管剪什么，剪蝴蝶也好，人也好，两边必须有一处连着，明白吗？如果我把刚才剪的小人，把两只手都剪下来了，没有连着的地方了，那它打开以后就不是连着的小人了，对不对？你们看我这拉手的地方剪没剪啊？没剪，不要剪开，要不就变成单个小人了，就不连着了。画的时候要注意，不要把两边都画上。比如，这是一张折好的纸，我要画小人的话，这是他的胳膊，胳膊这儿不能剪。

个别幼儿：哪儿？

教师：就这地方不能剪开，这样打开后才是拉手的小人。如果我剪小鸭子，哪儿不能剪开？

部分幼儿：嘴巴。

教师：对，这儿是不能剪开的。把鸭子整个剪下来，但嘴巴这儿不能剪断了。如果你画蝴蝶，这两边得怎么样？

个别幼儿：别剪开。

教师：留着这儿剪出来就是连着的蝴蝶。剪开，它就不连着了。小朋友自己试试。

（全班幼儿开始各自的操作活动，教师则开始了个别指导）

在上述活动中，教师的"教"（包括讲解、演示、提问、评价幼儿演示结果等）在全班幼儿的最佳问题情境中并未起到"支架"的作用，而恰恰相反，教师一系列的努力只是为了引出教师自己预期的正确的问题解决方法，只是为了将全班幼儿的活动纳入自己计划的轨道上来。

借用同样的教学内容和教学对象，我们尝试就教学步骤、教学策略做如下变动，以期在最佳问题情境中使教师的"教"成为幼儿"学"的"支架"。

变动一：给每一个幼儿独自探索的机会，明确全班幼儿的最佳问题。

教师在给幼儿演示"单个小人变成一串相同的小人"这一技能的结果

之后，明确具体地提出本次教学活动的核心问题——怎样剪出一串完全相同的小人？然后给每一个幼儿提供纸、笔、剪刀及其他可能用到的工具，让每一个幼儿动脑动手去尝试，并观察和分析幼儿尝试的过程与结果，然后将全班幼儿的最佳问题归为几类。

例如，一些幼儿剪出的小人是单个的，则"如何剪出一串小人"已经处于他们的最近发展区内；另一些幼儿剪出的一串小人中会有半个的，则"如何剪出一串完全相同的小人（核心问题）"是他们的最佳问题；还有一些幼儿能用笨拙或不尽完善的方法来解决核心问题，如画出一串大小相当的小人再剪或用一叠纸剪出一样大的小人后再用胶水连接起来等，则"如何用简便易行的方法剪出一串完全相同的小人"是他们的最佳问题；而个别幼儿通过操作探索而非形象思维也许完全能够运用"对折"的方法解决核心问题，则"如何剪出四方连的相同小人"是他们的最佳问题。

尽管有个别幼儿想出了"对折"的方法，教师仍可以将"如何用简便易行的方法剪出一串完全相同的小人"作为全班幼儿的最佳问题。

变动二：设置环环相扣的子问题，启发引导幼儿"想出"解决问题的关键。

为了使全班幼儿能够最终达到独立解决核心问题的水平，教师可以利用前一活动环节中对幼儿最佳问题的分类，根据其难易程度设置一系列相互联系、由易到难的子问题，而这些问题便是支持和引导全班幼儿解决核心问题的"支架"。

比如教师可以以提问的方式依次提出如下问题：

（1）怎样剪出许多完全相同的小人？教师请剪出单个小人的幼儿讲解他用的方法——把纸叠起来。然后，教师提醒幼儿注意，用这种方法剪出的小人不连着。

（2）怎样剪出一串小人？教师请剪出半个小人的幼儿讲解他的方法——卷着折。教师提醒幼儿注意，用这种方法剪出的小人不完全相同。

（3）怎样剪出一串完全相同的小人？教师可让用不尽完善的方法解决此问题的幼儿讲解他的方法，展示他的作品。教师引导幼儿总结这几种方法的不足——费时费力。然后，教师提出全班幼儿的最佳问题。

（4）如何用简便易行的方法剪出一串完全相同的小人？教师暗示个别想出"对折"方法的幼儿沉默（避免幼儿简单模仿），引导其他幼儿回忆相关经验。

教师手拿一张正方形纸，一边演示，一边提出一系列问题："以前折××图形时先怎么做？""一张纸是不是变成了两张一边连接的、大小相同的纸？""这样折叠一次能剪出几个大小一样的连接小人？""如果我想剪出一串更多的小人，该怎么办？"

这最后一个小问题不仅可以使幼儿迁移已有经验（同方向对折一次），还可改造已有经验（同方向连续对折）。如此，使幼儿能够理解沿同一方向多次对折与剪出一串完全相同的图形之间的关系，使幼儿明白连续对折是解决问题的关键。

解决了关键辅助问题，可以让全班幼儿再动手操作一次。在第二次操作过程中，幼儿仍有可能犯前面提到的错误，但教师可以相信同伴之间的相互作用和幼儿自己的纠错能力完全能使幼儿最终独立解决问题。

变动三：将核心问题概括化，以助于幼儿迁移已有知识技能解决新的问题。

如果全班幼儿基本解决了上述核心问题，教师可提问"怎样剪出一串完全相同的小房子、小鸭子等其他图形？"这样有助于幼儿内化、迁移已有经验，并充实和丰富解决新问题的内部条件。同时，这为教师在今后的教学活动中为幼儿"搭架"提供了线索。

脱离具体的教学情境，上述三个变动所涉及的一些策略和方法问题，如通过幼儿探索和实践活动判断其最佳问题、设置系列子问题、提出明确具体的问题、提醒幼儿回忆相关经验、引导幼儿改造已有经验、将幼儿已经胜任的具体问题概括化等，对于捕捉最佳问题情境、机智灵活地提供"支架"具有普遍意义，可以推而广之。

第四节

找准"最近发展区"
教学效果事半功倍

在不加大孩子压力的情况下，如何激发孩子的潜能？"最近发展区"理论的指导，为迷茫的探索指明了方向。

一、什么是"最近发展区"

20世纪30年代初，维果茨基首先将"最近发展区"这一概念引入儿童心理学的研究，他认为学生的发展有两种水平：一种是学生的现有水平，另一种是学生可能到达的发展水平，这两者之间的差异区间就是"最近发展区"。举一个例子，孩子之前只会算十以内的数学题，但是经过教师的指导以后，孩子会做20以内的数学题，从10到20的差距，就属于孩子的"最近发展区"。

按照这个理论基础，我们应该找到孩子的"最近发展区"，找到适合孩子学习的难度，调动孩子的积极性，引导孩子发挥潜能。"跳一跳，摘桃子"就很形象地说明了"最近发展区"理论基础。桃子位置太低，孩子不用努力就可以获得，进步甚小；桃子位置太高，孩子够不着，丧失积极性。所以教学应着眼于学生的"最近发展区"，为学生提供适宜难度的内容，方能调动学生的积极性，发挥其潜能，超越当前"最近发展区"，达到下一发展阶段的水平，在此基础上，再进行下一个发展区的发展。给孩子创造一个良性且持续的进步空间与阶梯。

二、"最近发展区"育儿的意义

"最近发展区"育儿的意义有两点：一是利于孩子的身心发展。幼儿期是孩子发展的关键时期，是孩子继续发展的基础。根据"最近发展区"的理论，孩子的每一种发展方式都是有迹可循的。把握孩子的每一种发展顺序和基础，找到孩子的"最近发展区"，激发孩子的潜力，能够最大限度地发挥孩子的天分，让孩子在没有压力的状态下有更美好的未来。二是利于孩子的人际关系发展。幼儿根据社会发展的特点，主要是处在自我的中心阶段，游戏和活动侧重于自我阶段，人际关系的发展不和谐，就是孩子没有和自己的同伴做好互动，没有把自己的发展进度和同伴的发展进度融合。父母可以降低自己的年龄身份，促进孩子的关系发展。

三、如何探寻"最近发展区"

那孩子的"最近发展区"在哪里？运用什么形式和方法来发现孩子的"最近发展区"？

1. 在活动提问设计上，要找准幼儿的"最近发展区"

《3-6岁幼儿学习与发展指南》分析了我国幼儿园集体教学中存在的六个问题，其中第五个问题是"教学过程缺乏有效的师幼互动，'启发引导'不足，'灌输控制'有余，幼儿多处于被动学习状态。"

幼儿老师应该如何设计提问，如何通过有效提问促进良好的师幼互动？而"最近发展区"这一理论启示教育者在进行活动设计时，要找准幼儿的实际发展水平和潜在发展水平。如果把问题提在幼儿"现有水平区"，幼儿不经过思考就能回答，对他们的发展无所裨益，有的孩子因为提问太简单而不屑一顾；如果提的问题太难，孩子经过努力仍不理解，也只会挫伤他们学习的积极性。因此把问题提得比幼儿的现有水平略高一些，使他们"跳一跳，够得着"。

一是选择性提问向开放性提问转化。在教学活动中，很多老师经常会习惯性地提问"好不好""是不是""对不对"等问题。孩子受其年龄特点和语言发展特点的影响，只关注后面的问话，一律回答"对""是""好"。这样的提问让孩子不经过任何思考，便可以脱口而出进行回答，孩子没有经历一个思考的过程，不能获得任何发展和提升。为了避免这种情况的出现，首先是老师自己要改掉不好的提问习惯。根据教学目标、教学重点、教学难点，深挖教材，通过设计有价值的提问来激发孩子学习的积极性。例如，教师在《花婆婆》故事教学的导入部分就可以抛出这样一个问题："你觉得花婆婆是一个怎样的人？"孩子的回答非常丰富："是种花的，是买花的，是喜欢花的，……"老师既为孩子提供了一个说话的环境，又满足了孩子表达的愿望。在这样一个激烈的争论下，老师自然地转入下一个环节："那我们继续来听故事，听一听花婆婆到底是一个怎样的人。"在这种情况下，孩子急于想知道花婆婆到底是做什么的，带着自己关注的问题听故事，往往会起到事半功倍的效果，也为下一步更好的师幼互动做好了铺垫。此外，教师在许多有悬念的语言教学中还可以设计"你认为应当怎么做""谁的方法好？假如是你会怎么办？""关于这个问题你还有其他看法吗？"等开放性问题。

二是预设性提问向生成性提问转化。在幼儿园的语言教学中，目标的制订倾向于三个维度，即知识目标、技能目标和情感目标。而在幼儿园的以往课堂教学中，存在重知识技能目标，轻情感目标的现象，而情感目标正是一节教学活动中生成出来的、需要提升的精髓所在，老师只是按照预定的目标进行教学，对于孩子突然抛过来的球不敢接，出现了老师的提问生硬、牵强的现象。在日常教学活动中，老师只有关注了孩子的生成问题，才能使教学活动绽放异彩。例如，在《萝卜回来了》这个故事中，可以设计的生成问题是"你认为好朋友之间应该怎样相处呢？"这样的问题，才能让孩子整合自己的现有经验，并且在同伴分享的过程中建构起新经验，同时培养了孩子的连贯说话的能力。重要的是，孩子通过这样的一个提问，知道了在现实生活中怎样跟朋友友好相处，从而使故事的情感目标很好地达成，使故事的主题得到升华。

三是关注个体提问向全体提问转化。在这个环节中，老师可以有这样一种理念就是：课堂上有多少个孩子，就有多少种不同的声音，保证让每个孩子都有参与的机会。例如，在大班的语言课《十二生肖》《百家姓》等课程中，每个孩子有自己的生肖和姓名，所以，上课一开始，教师就可以让每个孩子都说出自己的生肖和姓名，有多少个孩子，就有多少种不同的声音。此外，教师还要设计面向全体孩子的提问，可以让孩子们叽叽喳喳地说与讨论，激发孩子们参与的积极性。

只有巧妙地问，才能够激发幼儿的思维和想象，形成良好的师幼互动，提高教学活动有效性，把教学活动推向更深层次。

2. 在教学实践中，要建立师生"最近发展区"的沟通桥梁

幼儿的"最近发展区"作为幼儿教师和幼儿在思想上的重合部分，可以称为沟通桥梁。教师就幼儿的"最近发展区"，为幼儿设定活动目标。这个活动目标幼儿教师是最清楚的，而幼儿却懵懂不知。幼儿可能会猜测和探索教师设定的活动目标，教师也会根据幼儿的表现来审视活动目标。教师将幼儿的活动行为与设定的目标进行对比，幼儿和教师在思想上的沟通桥梁就此建立。

比如，一个中班的小女孩正在将积木分装进口袋，分别将木质积木和塑料积木进行分类。教师问她："你在做什么？"女孩说："积木"。教师指着塑料积木说："没错，这么多都是积木。但是这堆是什么呢？"女孩回答："红的，绿的。"教师又说："很棒，有各种颜色，那么这一堆到底是什么呢？"教师顺手拿起一个塑料积木和一个木制积木，并将塑料积木放回到一堆塑料积木中去，这个过程被小女孩看在眼里。教师又拿起一个塑料积木，问小女孩："你准备把这个积木放在哪里呢？"小女孩便将塑料积木放在了一起。这个过程中，开始小女孩并不知道教师的目的是什么，但是她通过教师的一步步提问了解了教师的意图，并将最终答案找出。教师和幼儿通过一问一答，彼此之间一步一步了解，形成有效的沟通，建立思想上的沟通桥梁。

总而言之，维果茨基的"最近发展区"教学理论，对我国的幼儿教育有很强的指导作用和启示作用。

四、个别教育案例分析

《幼儿园一日生活规程》中明确规定："'因人施教'，让每个幼儿都在自己原有的水平上得到发展。"不同的孩子在不同的家庭环境成长，必然存在个体差异性，有不同的"最近发展区"。所以育儿一定要"因人施教"，观察孩子、了解孩子、分析孩子的智力发展水平，以及学习、年龄等特点，让每一个孩子的潜能都能得到最大发展。个别教育便是实施"因人施教"的有效方法之一。

【案例一】 过度呵护会让孩子失去自信

案例背景：

于雨桐是我们班新来的小朋友，她是个可爱的小女孩，但她给我的初步印象就是不自信、胆小。第一天上幼儿园，她一直躲在妈妈的身后，你问她问题她总是低着头躲躲闪闪地不回答。妈妈走了，她要哭，声音都不敢放出来，其他小朋友玩得很开心，她看着也会露出笑容，但是叫她和小朋友一起去玩，她好像很害怕的样子，怎么也不肯去，叫小朋友陪她玩，她也会甩开小朋友的手胆怯地躲到一个角落里一个人待在那儿，她害怕和小朋友交往。看到这种情况，我和家长进行交流才知道，这个孩子心脏有问题，心脏膜先天性关闭不全，家长带他很小心，孩子也很少运动，从来不和其他小朋友玩。结果在孩子马上要升中班了，连滑滑梯都不会玩，动作协调性也很差，而且不爱说话，不爱交往。

原因分析：

孩子表现出目前不佳的状态，真正的原因在家长，他们太担心孩子的身体，每天灌输给孩子的是"你身体不好，要注意"以至于孩子对自己的身体不自信，认为自己和其他孩子不一样，和小朋友玩是件危险的事情，他们会伤害到自己，久而久之，就把自己与其他小朋友分离开来，认为这样才安全。我咨询了医生，岂不知孩子得的这种病，后天只要加强营养、加强运动，心管膜有可能自行愈合，家长的这种教养方式是不对的，对孩子的身心发育都不利。因此，我又一次与家长进行了长谈，希望家长能够健康地看待自己的孩子，对孩子进行积极正确的引导，配合学校鼓励孩子多与其他孩子交往，带孩子多去外面玩，让她感受到她和其他孩子一样棒，给孩子自信。

教育过程：

在班级，我先找性格比较温和的宝宝带她一起玩一些简单的游戏，然后从孩子喜欢的玩滑梯开始亲自带着她慢慢滑下，然后让孩子和其他孩子一起玩，老师在旁边一直看护着，让孩子充分感受到和其他孩子一起游戏的快乐，而且让孩子感受到小朋友都很喜欢她，会保护她，和小朋友一起游戏不会有危险，平时也是鼓励她自己的事情自己做，看到她的点滴进步就及时地表扬，慢慢地她和其他宝宝一起玩了，有时还会和其他小朋友一起奔跑，累了也会自己休息，慢慢地，她的性格开朗起来了。我也为孩子的进步感到高兴！

案例反思：

教师要能够用教育的眼光观察孩子的游戏行为，教育引导都需要择机适时介入。教师的介入应以是否尊重孩子的游戏意愿、是否能帮助孩子获得新的经验、是否获得孩子的积极响应，作为检验的标准。教师对孩子的教育和引导都需要建立在观察的基础上，以适宜有效为基准。观察能帮助我们了解每一个孩子的能力和发展现状。因此，在班级对孩子进行细致观察是幼儿教师的一项基本功，也是日常工作不可或缺的部分。张雪门先生曾说过："世间有一种可怜不足惜的人，是落伍的人，环境变了他的经验依然不想改变，还想用旧经验来应付新环境，结果终被社会所淘汰。"作为幼儿教师，我们只有在学习的过程中日思日行，不断完善自己，才能真正为孩子的发展助力。

【案例二】 孩子落单时渴望得到重视

案例背景：

《春天的古诗》教学活动，应该说孩子对这个活动的本身还是很感兴趣的，课前孩子们收集资料是很充分的，所以整个教学活动的开展很有序的，孩子们对古诗的兴趣很浓厚，他们善于用心去感受古诗的情感，理解古诗的内涵，这一点很好。在教学活动中，有这样一个情境。我说："小朋友们，现在请你们去找自己要学的古诗，去跟小老师们学一学。"接着，孩子们都兴致勃勃地去寻找要学的古诗了，只见宸宸一脸茫然，东看看，西看看，手里拿着自己带来的古诗书，站在上面不知所措，眼泪在眼眶里打转，见此情景，我读懂了她的眼神，宸宸很希望别人学习自己带来的古诗，可是别的伙伴并没有选择学习她的这首古诗。于是，她就表现出了一种失落，情绪上出现了波动。

原因分析：从宸宸的身上我感觉到，宸宸在活动中始终保持着良好的学习兴趣，在活动中能大胆、大方地表达自己的想法，她很希望得到伙伴的肯定，我很了解宸宸的特点，她有着强烈的表现欲望，喜欢展示自己，喜欢得到大家的重视，但是我更清楚她的性格，所以，我有了这样一个举动：我以学生的身份介入。很明显，我满足了宸宸做小老师的欲望，并且让她的情绪由失落变得愉悦了，如果我没能及时发现，这个孩子的情绪波动肯定会很大，她的注意力就会处于游离状态，那么对宸宸而言，她一定会沉浸在这种失落的状态里，更谈不上达到活动的教育效果了。因而，我抓住了这样一个教育契机，本着让孩子在做中玩，做中学，做中求进步的教育思想，本着凡是孩子自己能说的让孩子自己说，凡是孩子自己能做的让孩子自己做，凡是孩子自己能想的让孩子自己想的教育原则，把自主权放在孩子手里，真正地让宸宸成为学习的主人，不仅满足了宸宸的需要，而且在无形中使她产生了一种对集体的服从意识，可谓一举两得。

教育过程：

我观察到了宸宸的失落后，走到了她的面前，对她说："宸宸，刘老师来和你一起学习好吗？我做你的学生，你做我的老师！"说完，我们找了一个地方坐了下来。她看到我来做她的学生，露出了满足的笑容。顺势，我又对宸宸说："宸宸，你也去做伙伴的学生好吗？很开心的！"她很高兴地点点头，欣然接受了。

教育反思：

不难看出，教师与幼儿之间、幼儿与幼儿之间是一种多元的关系：教师既是活动的支持者、引导者、观察者，也是活动的合作者、研究者、学习者、欣赏者等。幼儿既是学习者、参与者、评价者，通过参与操作活动，学习掌握知识和经验，并对他们的学习、探索活动进行评价；又是互动者，能与周围的同伴、成人、材料及其他环境不断地接触、交往。活动的核心是要让孩子全面发展，而不是只追求孩子智力、知识方面的成长。教师要面向全体孩子，而不是只关注表现最好的和表现最差的，忽视中间部分的孩子；要让孩子生动、主动、活泼，而不是让孩子在沉闷的课堂上失去学习兴趣。对宸宸来说，我对她进行的就是积极的鼓励，达到了积极的教育效果；通过积极的师生互动，给幼儿带来意想不到的收获。看来，"今天，我来做学生"的策略是非常成功的。所以，不难看出，教育家陈鹤琴老先生的先进教育思想无处不在，我们一定要将"一切为了孩子，为了孩子的一切，为了一切的孩子"的教育思想落到实处，不断钻研，不断探索，不断进步。

【案例三】 孩子受挫时更需要无声的鼓励

案例背景：

伦伦是个腼腆的男孩子，喜欢剪纸，但是至今都没有剪出像样的作品。早上，伦伦又拿来了剪刀和纸专心地剪着，还不时凑过头去看小伙伴是怎么剪的，剪着剪着，本来想剪的大作品剪小了，剪着剪着，本来要剪的小作品变没了，结果还是什么也没有剪成。于是，他又拿了一张纸剪了起来。

案例分析：

伦伦虽然渴望自己能剪出好看的作品，但由于技能上的局，使他多次发现失败。但难能可贵的是，他在面对失败时，并没有轻易低头，而是选择了努力再努力。在努力的过程中他开始向其他小朋友学习，并且一次次地进行尝试，直至剪出一件作品。也正是这件作品激发了伦伦的自信心。

教学过程：

我很想走到他身边去教教他，可是一想到平时我对他太关注而使他形成遇事缩手缩脚、遇到困难容易放弃的特点，就想再观察一下。而且我看到伦伦能主动地观察他人的做法，失败了还能自我调整，继续尝试，有一些克服困难的好表现。所以我没有走近他，但是仍时时留意着他的表现。

"老师——"身边传来伦伦的喊声，只见他手中拿着一张小纸片对我说，"蝴蝶！"我连忙走过去，只见伦伦手中的纸片又小又粗糙，但确实很像蝴蝶。我装作不相信地问："是你自己剪的吗？""是的！"伦伦用力地点头。"剪得不错！你真能干！再剪一个好吗？"我边说边抱了他一下，还把他的作品贴到墙上。伦伦兴奋地笑了，赶紧埋头又剪了起来。

案例反思：

小孩子学习事物需要自己学习，不要替他学，只要给他学的机会就是了。对伦伦这样内向胆小的孩子，教师应鼓励他们勇于尝试。但这种鼓励不一定是从头至尾地刻意去表示自己的关注，说一些鼓励的话，而是在孩子遭遇失败的时候能不动声色、积极地暗示，如给他一些特殊的、好看的纸等，让他感受到来自老师的支持。我们要给孩子创设一个宽松的环境，让孩子轻装上阵，相信孩子经过自己的思考和调整能够取得成功。

幼儿教师如何上好一节课

上一节课容易，可要上好一节课就得花点儿心思了。一节好课，除了受选材内容的影响外，更受教师教态、扮演角色、组织方式等多方面的制约。一节课上得好还是不好，关键是看教师怎么教。

一、上好一节课的标准有哪些

同样一节课，老师们组织的方式却五花八门，你说你上得好，我说我上得好，大家都在说自己上得好，究竟什么样的课才称得上是一节好课呢？以下为你逐一道来，希望老师们能给幼儿一个真实、自然、简单的课堂。

1. 教师方面

（1）教态亲切、自然、大方，语言生动简练，语速适中，不啰唆，并注意与幼儿进行沟通交流。在教学中要有慈母般温柔的表情、声调，能有效地激发起幼儿的内心体验，让幼儿在轻松、愉快的气氛中获得知识；要焕发童心，进入角色，用亲切、自然的表情和语言让幼儿感受天真烂漫之情。语调上要注意舒缓有致，语气上要注意柔和。

（2）多运用并恰当运用表扬和鼓励。让自己的眼神成为叩开孩子心灵的钥匙：关怀—鼓励—批评—制止—赞许。目光要亲切、自然、坦诚，注视时间要适当、位置要得体、方向要合宜。

（3）加强对幼儿的常规管理，不放纵幼儿的不良行为，并及时、巧妙地进行制止。

（4）课前进行充分的准备：

一是把握幼儿的年龄特征；

二是熟悉课程和教案，把握教学重难点；

三是充分准备教学具，制作实用的教具。

（5）充分发挥自己的教学个性。我们每个人都是独特的自我，要善于分析自己：我的强项是什么？我的专长是什么？我是善于创设情境还是善于语言的循循诱导？然后进行有针对性的教学，逐渐形成自己的教学特色、教学个性。所以模仿并非自身专业成长的捷径，借鉴+反思才是聪明之举。

2. 幼儿方面

一节好课，离不开幼儿在课堂上的表现。因此幼儿教师要调动幼儿学习的兴趣和积极性，让每一个幼儿都能动起来，都能参与进来，不要有消极等待的现象，这样的课才称得上是一节好课。

3. 分析方面

如何进行分析？一是学情分析，也就是分析本班幼儿的特点和幼儿在学习方面的经验和认知特点，了解本班幼儿的年龄特点和身心发展规律。二是分析你所选择的这篇课程的特点，如作者的写作意图，文章所要体现的思想以及你对这篇课程的理解、感受和独特的见解，等等。

以下为教材分析的步骤：

（1）仔细研读《新纲要》。《纲要》是学科教学的指导性文件，是生发课程和进行教学的依据。它详细规定了课程的性质、任务、教学目的等。因此，教师在分析课程时应以《纲要》为依据，以《纲要》的要求为目的。认真研读《纲要》是正确进行课程分析的前提。

（2）通读课程，整合内容。如何准确把握课程？一是要准确把握课程的思想内容，知道课程内容写的是什么，表达什么样的思想和情感，就像我们以前上学时，老师经常要我们找出文章的中心思想，而不能只是大体上知道它的意思；二是要准确把握课程的表达特点；三是要准确把握课程的重点和难点。

（3）课程内容分析。课程内容分析一定要弄清课程要素、对象、过程和特点，要分析课程在帮助幼儿学习，促进幼儿智力和思想品德成长方面的深层次的结构体系，科学正确地选择、整合教学内容。

二、课堂设计要注意哪些方面

一节好课，常常依赖于课堂活动设计。活动设计得新颖、独特、有趣，符合幼儿年龄特征，是上好课的前提。因此，教师们在设计活动课时，要注意以下几点：

（1）活动课的主次要分明，一般分为开始部分、基本部分和结束部分三大部分，并合理分配各部分时间，把握重点，目标明确，符合幼儿的年龄特征及接受能力，注意目标达成度，目标的制订要让孩子跳一跳摘果子；不用跳就能摸到的太浅，孩子不感兴趣；跳了跳还是摸不着，孩子也不会太感兴趣，或兴趣不能持久。

（2）导入新颖，能够吸引幼儿的目光，抓住孩子的心理特点及年龄特点。课程导入可采用直接、间接、情景表演、图片导入、实物或谜语等与课程有关的方式。但时间要把握在2分钟以内，因为我们的主要目的是为接下来的课程做准备。

（3）教学过程各环节联系紧密，语言连贯，流程清晰。合理运用指示手语、情感手语、形象手语等教学手段，帮助幼儿了解、掌握、体会相关要求，为实现教学目标服务。

（4）有游戏的环节。幼儿园的课程多数借助游戏的形式来实现教学目标，因此，游戏一定是为辅助教学内容而准备的，我们要为目标而游戏，不是为游戏而游戏。可以通过游戏的方式检测孩子掌握的程度，从而了解孩子的接受能力，根据孩子的个体差异进行个别辅导。

（5）把握好孩子的注意力集中的时间。小班幼儿一般是10~15分钟，中班幼儿一般是20~25分钟，大班幼儿是30分钟左右。把握好孩子的最佳接受状态，也是上好一节课的关键。

（6）上好一节幼儿园活动课还要借助一些相关的教具。因为孩子的接受能力和认知特点的局限性，所以我们教师在生活中需要搜集与课程有关的材料作为教具来帮助幼儿理解，从而加深孩子的印象。

（7）此外，幼儿园课堂组织要紧凑，不拖沓；教学活动注意面向全体、因材施教；教学要有主线，要一气呵成。

三、课堂小细节有哪些要注意

好的课堂设计是一节好课的前提。在教学过程中，常常看到有些教师作秀，或者安排了很多内容，导致教学任务没有完成，或者走马观花……在课堂设计方面，幼师们除了要考虑课堂教学思路要清晰外，还要做好以下几点。

1. 少一点儿"堆砌型"，多一点儿"放射型"

"堆砌型"的课是指一节课内容太多，一些相关的内容全部凑合在一起，重点较多，容量较大。

例如：中班《蔬菜》。

第一环节：分组起名，讲规则。

第二环节：认识蔬菜（10种左右），多数以猜谜语的方式导入然后看图片。

第三环节：游戏"找蔬菜"，按图片上的蔬菜去找真的蔬菜，然后对应放在图片上。

第四环节：蔬菜分类，把找来的蔬菜排队，分成瓜类、菜类、豆类、萝卜类等。

第五环节：蔬菜可以怎么吃？介绍蔬菜的营养。

（时间很长，每个环节都可以作为一个独立的教学点来组织活动，可以以主题活动的形式来开展，这样每个点都能深入地了解与学习了：各种各样的蔬菜、蔬菜的分类、好吃的蔬菜）

前不久我也看到过类似的一节课。

第一环节：树叶的名称（芭蕉叶、银杏叶……）

第二环节：感知树叶的不同（形状、大小、颜色、气味等）

第三环节：做游戏让"树叶找朋友"（找相同特征进行分类）

第四环节：树叶的作用（做药……）

第五环节：树叶粘贴画。

其中，几乎每个环节都可以作为一个完整的教学点来组织教学，容量之大与没必要的堆砌使得幼儿产生了思维的疲劳，活动时间的过多延长，使得幼儿早已集中不了注意力去听了，教师好的出发点未必收到好的教学效果。

"放射型"的课是指一节课围绕一个点展开，各环节的设置都是为这个点服务的。

例如：《和时间赛跑》。

教学点：体验时间的长短，发现时间的价值和自身的努力有关系。

环节一：早上7点至8点你做了哪些事？（洗脸、刷牙、去幼儿园、锻炼……感知一下时间与做事情之间的联系，为下面的活动做铺垫）

环节二：一分钟里面插雪花片。先是无意识地插——这时幼儿自身处于一种自然状态，还没有把自身的努力放进去；然后比较谁插得多与少——这时幼儿有意识地加快速度插雪花片，这次有自身的努力，插得多了，可时间还是一分钟。（通过前后两次插雪花片的比较让幼儿体验时间的价值和自身努力的关系）

环节三：创设活动情境，包括一分钟抛接球、一分钟抛接沙包、一分钟把呼啦圈从脚套到头，并记录。（体验：抓紧时间，一分钟里也能做很多事）

环节四：讨论，平时我们应该怎样抓紧时间？

这个活动围绕一个重点展开教学，教学过程设计得自然、流畅，环环相扣、水到渠成。

2. 少想一点"怎么教"，多想一点"怎么学"

如果老师在上课时老想着"怎么教"，那就会只想着教案，只顾着赶环节，而忽视了课堂现场幼儿学习时的一种动态的表现，老想着"怎么教"的老师不愿意出现"节外生枝"的现象，甚至恼火幼儿与自己不合拍、不配合。

例如：新教师随堂课，中班音乐《拍手唱歌笑呵呵》。

教师设计的教学流程是：问好练声—完整听录音歌曲—教师清唱示

范—随音乐节奏朗读歌词—逐句教唱—完整清唱歌曲—介绍新的唱法（领唱）—自编动作围成圆圈表演唱。

当教师逐句教唱时，有几个幼儿情不自禁地站了起来，边唱边做动作（这首歌曲表演性很强，易唱易做动作）。这时，老师看到了，她让幼儿坐了下来，因为她设计的动作表演在最后一个环节呢，幼儿坐了下来，继续一句一句地跟学，按原定计划一环一环地进行着……

再如：小班《可爱的兔子》。

思考一个现象：20人左右上课，教师只提供一只小兔给幼儿观察；

喂兔子环节：教师发给每个幼儿一根青菜或一个胡萝卜，每个幼儿拿一样东西去喂小兔子，让幼儿去观察兔子喜欢吃什么。

幼儿座位：坐在教室中间的一块垫子上，面积很小，幼儿挤得很紧。回答问题时要站起来，每次活动都要再爬起来。

分析：教师更多的是考虑"怎么教"，考虑这个教的过程怎么一步一步地往下进行，如果她能更多地考虑到幼儿的学，就会想到以下几个问题。

（1）材料提供得不够会引起秩序的混乱，有很多幼儿都不能就近观察，只能在边上推来挤去。

（2）那么多东西喂一只小兔子太不科学，结果也是失真的（吃得下吗）。

（3）幼儿爬起来回答问题、去观察兔子、去喂兔子都比较费力，而且挤来挤去使得幼儿注意力转移，不利于良好学习常规的形成。

注重"如何教"，忽视"如何学"的课的特点：环节分明，但较为生硬、机械。

3. 少一些作秀，多一些真实

每上一节课之前，我们都得做一定的准备，包括物质的准备、知识经验的准备等，但这些准备不能过度。几年前，有阵风刮得挺盛的：公开上的课或比赛课内容事先让幼儿知道，有的甚至练得非常熟练，到正式上课时变成了排练后的演出。

我最近去乡镇听课，发现还是存在这样的现象，教师试教时用自己班上的孩子。当时我问那老师："你正式上课是用自己班上的孩子吗？"她回答说："是的。"我又问："那你试教时为什么不用别的班的孩子？"她说："不熟悉，怕管不住。"我就纳闷，管不住孩子，课堂中出现缺憾或者失控有利用孩子作假、演戏重要吗？因为在我看来，虚假的课堂导致的问题是很严重的。

例如：《有趣的树叶》。

老师问：你们知道哪些树叶？幼儿一个接一个地说出许多许多，很多我都不知道。

老师又问：树叶有哪些作用？幼儿：枇杷叶可以做药、银杏树叶可以……

课后我了解到，这节课光是试教就已经三遍，老师丝毫没有意识到这样做是不明智的教学行为，毫不隐瞒地告诉我，每次试教都是本班的孩子。（在此我只对这种现象加以分析，不针对老师，其实老师也是很想把工作做好才有这样的行为的）当时我对那老师说："其实孩子能说出那么多树叶的名称和作用是不正常的，说不上才是正常的情况。"为了弥补幼儿表现出的无所不知的不正常情况，我设计了一张调查表，让那老师发给幼儿带回家，是让孩子和自己父母共同去查树叶作用的资料，如果经过调查能说出树叶的作用那也算是正常情况了。当然，此乃下策，顺序颠倒了。

虚假的课堂有一个特点：幼儿非常熟悉活动，非常配合老师，过程进行得比较顺利，但是幼儿的眼中没有兴奋、好奇、投入，因为他们已经没了挑战，适度的挑战才会有真实的兴趣与愉悦，现在他们就如同熟悉工作流程的工人在机械地重复完成一项熟练的任务。

真实的课堂，才是最美丽的！我们要记住一点：我们上课不是给别人看的，不是取悦于谁的，而是带着孩子们一起演绎一段发展的故事，是为自己和孩子在上课的。

4.少一些华丽，多一些平实

老师们回忆一下，你外出听的课、看的录像课，有多少节感觉是朴素的、实用的、常态下的课，许多课堂都披着华丽的外衣，这些华丽的外衣底下暴露的是刻意包装的痕迹。

有的课的情景表演、课件展示、动手制作、做游戏、看录像等环节热闹非凡，什么手段都用，全副武装。

例如：体育课《过河》。

其中的三个环节是这样设计的。

第一次自由跳小河（绳子有宽有窄），教师问：你是用什么方法跳过去的？

第二次跳小河：下雨，小河变宽了，增加了难度，幼儿运用方法跳过去。

第三次跳小河：河里来了鳄鱼（老师坐在河中扮演鳄鱼），对面田里有害虫（海洋球），小青蛙（幼儿）依次跳过河捉到害虫，从鳄鱼身上跳回，将害虫放在指定的筐里。

放松环节：小青蛙去小河里游一游，用绳子做波浪的动作，等等。

结束：全体青蛙一起抬着绳子高高兴兴地回了家。

像这样的课，你听了、看了回去就能上了。材料准备简单，过程层层递进、清晰明了。

说实话，平时我们没有很多的时间与精力去制作、准备过多的教具，有时也没有那个必要。就地取材、一物多用等是我们要多去考虑的，但也要避免走入误区：认为东西越少越好。那也不对，关键是材料少了，环节设计巧妙了，幼儿的发展更好了。当然，像科学探索活动还是要为幼儿提供足够的探索材料。

5. 少一点儿控制，多一点儿自主

我这里所说的控制是指权威下的不利于幼儿发展的限制。

常见的控制有以下几类：

（1）范例的控制。一年前，听一新来的教师上美术课，是中班的绘画《船》，她准备了一幅范画，一边让幼儿观察范画一边提问："大轮船由几部分组成的？（船身、船舱）船身、船舱是什么形状的？船上还有哪些东西？（红旗、烟囱、窗户）"结果幼儿画出来的船都是一模一样的，好像全世界的船就这一种。

（2）语言的控制。我们上课时经常会听到"你又不对了""你又错了""你不能……"有次我去听另一位新教师的兴趣班的美术课，她一会儿停下说："坐端正"，一会儿拿起铃鼓让幼儿跟着她拍手来组织纪律。因为她刚本科毕业，组织语言不是很形象化、不生动，幼儿不怎么听。所以她只能采取这种方式来维持纪律。

（3）其他控制。《蔬菜》一课由于时间拖长了，幼儿到后来明显坐不住了，那老师就拿着蔬菜的图片，一会儿走到这个面前说："蔬菜请你坐坐好"，一会儿到那个面前说："蔬菜不喜欢你了"。表面上似乎是情景性地维持秩序，但实际是一种变相的权威镇压式的控制，类似这样的还有很多。

这样的控制是束缚幼儿的无形的绳索，是不提倡的。

这使我想起一个寓言：有一天，农夫牵着驴子走到悬崖边，农夫怕驴子跌下去，用绳子牵着它靠近一点儿，驴子坚决不肯，越牵它越向外挣扎，最后跌下了深谷。

这个寓言给我们一个启示：为什么要用绳子把驴子牵过来，为什么不用一把青草把驴子唤过来呢？

有时我们为了良好的意愿往往采取强制的措施，效果却不容乐观。

希望在以后的活动中，我们都能有"吸引驴子的青草"，以活动本身来吸引幼儿的主动参与。

6. 少一点儿模仿，多一点儿个性

我们每个人都是独特的自我，要善于分析自己：我的强项是什么？我的专长是什么？我是善于创设情境还是善于用语言循循诱导？然后进行有针对性的学习锻炼，逐渐形成自己的教学特色、教学个性。所以模仿并非自身专业成长的捷径，借鉴+反思才是聪明之举。

远离作秀，脱去华丽的外衣，走出堆砌、模仿的误区，我们的教学要返璞归真，寻找一份有缺憾的真实，寻找富有生命力的平实。

7. 少一点儿"拿来主义"，多一点儿"为我所用"

一些教材、一些现成的教案、教学材料等都只是载体，是我们参考的文本，它更多得是给我们提供一些指向、一些理念、一些内容的文本资料。它都一律只提供同样的一份，显而易见，这些只能作为参考，我们在参考的基础上做适当的调整。就比如给你一块料子，你不管大小就把它用来做衣服，穿在身上肯定有人大有人小，但是如果大家把这块料子合理地剪裁，量身定衣，那就肯定大家都合适了。教材就是这块料子。

拿我们现在用的教材分析一下：除了整合课程外，现在还渗透国学的教育，我们在引进这些东西的时候，也要根据我们这里的具体情况做一些调整，不能死搬硬套，要吸取其中的精髓，抓住一些灵动的东西，为我所用才是关键，不能刻板地模仿它的形式。

评价一节好课，看教学任务完成情况，看课堂的活跃程度，这是毋庸置疑的。但也许你上课时的一个小动作，或者你的一个疏忽，都可能会让你的课大打折扣，无缘优质课。因此，幼师们要注意全面把关，对课堂小细节也要引起足够重视，以免因小失大。

四、课后反思的维度

（1）教学目标是什么？活动中目标实现了多少？

（2）课后与课前相比孩子有收获吗？主要在哪些方面有收获？

（3）课堂上你关注的是教师的"教"还是孩子的"学"？

（4）教学氛围是否宽松、和谐、愉快、民主、融洽？

（5）孩子活动的面有多大？参与程度有多高？

（6）是否关注了幼儿个体差异？具体点说：发展最快与最慢的孩子都进步了吗？

（7）教学过程中，哪个环节最满意？是否改变了原来的教学计划？如果改变了，为什么要这样改？

（8）孩子操作了吗？操作中发现了什么问题？

（9）如果下次再上同样的课，你会在教学时做哪些调整？为什么？

（10）其他值得记载或反思的课堂现象。

一节好课，不仅与幼儿的生活经验有关，也与幼儿教师的教学水平密不可分，需要教师们从多方面、多角度、多层次下功夫。在日常教学活动中，教师要不断反思，不断探讨，琢磨出适合自己的教学之路，使自己所上的每一节活动课都是好课！

第六节

教师的课堂礼仪

教师礼仪是教师在工作岗位上待人接物、为人处世的行为规范。教师是学校工作的主体，不仅是科学文化知识的传播者，而且是学生思想道德的教育者。教师在传播知识的同时，以自己的言行举止、礼仪礼貌对学生进行着潜移默化的影响，从而对学生的言行举止发生作用。因此，教师要十分注意自己给学生留下的印象，要使自己从各方面成为一个优秀的、学生能够仿效的榜样。

一个人的气质、自信、涵养往往从他的行为举止中就能表现出来。作为塑造人类灵魂工程师的教师，更要注意自己在各种场合的行为举止，做到大方、得体、自然、不虚假。

一、教师礼仪三大特性

礼仪，对于个人，是文明与教养的表现；对于社会，是发展与进步的标志；对于民族，是精神风貌的展现。教师礼仪与其他礼仪相比，具有三大特性。

第一，示范性。教师礼仪是以礼仪学为核心，吸收教育学、伦理学、心理学、社会学和美学的内容，具有鲜明的示范性。

第二，强制性。只要你进入教师职业就必须遵守教师礼仪。遵守职业礼仪要以职业规范为核心，以人民利益为重，不能随心所欲。良好的礼仪素质需要许多小的牺牲和自我克制。同时，教师的礼仪素养将使教师更有魅力、更有力量、带来更大的收获。

第三，形象性。包括职业形象、学校的整体形象、教师队伍的整体形象。因而是否遵守教师礼仪就不再是个人行为，而是集体行为了。因为当一个人处在教师职业状态时，他（她）的功能会成倍地放大，会对孩子们的成长造成影响。

二、教师课堂礼仪包含的内容

（1）进教室前，教师应准备好上课用品，并检查整理好自己的仪表，关闭通信工具，或将通信工具设置成无声状态。

（2）教学过程中，教师用普通话教学，写规范字。课堂上教师与幼儿平等对话，一视同仁地对待每一名幼儿。教师珍惜幼儿的上课时间，不讲与课堂教学无关的内容，不长时间责备幼儿。幼儿学习时，教师认真耐心地巡回辅导，关注每一个幼儿并做到以下几点。

① 目光：在讲台上讲课时，教师的目光要柔和、亲切、有神，给人以平和、易接近、有主见之感。当讲话出现失误被幼儿打断，或幼儿中出现突发事情打断你的讲课时，不能投以鄙夷或不屑的目光，这样做有损于你在幼儿心目中的形象。

关怀：加强目光巡视，消除"教学死角"，让每个幼儿都感觉到你在注意他。

赞许：幼儿课堂表现好，幼师要用赞许的目光肯定他。

制止：用目光给予信号，防止幼儿分散注意力，或嬉笑打闹。

鼓励：提问和课堂讨论时，对不同的情形采取不同的目光交流，对有进步的幼儿要以资鼓励。

批评：幼儿不遵守课堂纪律，交头接耳，幼师要用眼神批评他/她。

在运用眼神交流时，幼师要注意以下几点：

第一，目光要亲切、自然、坦诚。

第二，注视时间要适当。

第三，注视的位置要得体。

第四，注视的方向要合宜。

② 称呼：把握对幼儿的称呼，尊重孩子。

幼儿教师称呼小朋友的时候应该以亲切的语气为主，叫他们宝宝、宝贝这些都可以。小孩子很喜欢老师称呼自己为宝宝的，感觉会比较亲近一些。

对幼儿称呼时我们要遵循以下几个原则：

第一，要真诚地叫响每个孩子的名字。

第二，不要叫孩子的绰号，但可以叫昵称。

第三，注意自己的言行举止，保持师生距离。

在课堂上老师要多用敬语"请"字，并认真、耐心地倾听学生发言。

③ 站姿：老师站着讲课，既是对学生的重视，又有利于用身体语言强化教学效果。站着讲课时，教师应站稳站直，胸膛自然挺起，不要耸肩，或过于昂着头。需要在讲台上走动时，教师的步幅不宜过大过急。

④ 手势：教师适当地竖起大拇指，或拍掌鼓励肯定幼儿的发言。教师

切忌抱胸、指手指、瞪眼睛、双手叉腰、背手……这些姿势无形中会拉大与孩子间的距离。

教师讲课时，一般都需要配以适度的手势来强化讲课效果。手势要得体、自然、恰如其分，要随着相关内容进行。教师讲课时忌讳敲击讲台，或做其他过分的动作。

（3）仪态要求。

①立姿——挺拔、自然。

②走姿——从容、自信。

③坐姿——端庄、文雅。

仪态举止优雅，讲课时不坐着，不靠着，注意避免不雅举止。下课时，教师切忌拖堂，与幼儿礼貌告别，保持愉快的心境。

三、仪表、仪容要求大方得体

1. 仪表要求

（1）服饰要求。整洁、大方、美观。切忌过露、过透、过紧。夏天忌穿背心、吊带衫、超短裙和拖鞋。

（2）表情要求。教师要有职业微笑的意识。真诚地微笑是待人友好热情的标志。

2. 仪容要求

（1）男士不留长发，女士可适度淡妆。

（2）发型要大方得体。不染过分夸张的发色和指甲。

第五章

管理

以人为本用心呵护，
撑起一个美丽起点

幼儿园课程管理

一、幼儿园课程的内涵

幼儿园课程就是实现幼儿教育目的的手段，是帮助幼儿获得有益的学习经验，促进其身心和谐发展的各项活动的总和。

1. 幼儿园课程是"活动"

活动是主体作用于客观环境的过程。幼儿的认知活动具有具体形象性的特点，因此幼儿的学习离不开对客观事物的直接感知，他们的学习具有明显的直接经验性。幼儿需要通过与客观事物的相互作用——活动来学习。因此，用活动定义幼儿园课程更能体现幼儿学习的本质特征。

活动具有主体性（谁在活动）和对象性（用什么活动，和什么相互作用），用"活动"解释课程有利于教师同时注意学习对象（教学内容）和学习主体（学生），改变以往教师"重物"或者"重人"的倾向。

活动是一种存在方式，教师看得见，容易把握和控制。教师可以通过活动了解儿童的兴趣、需要、已有的经验和发展水平，也可以通过创设符合幼儿需求的活动情境、提供丰富的活动材料、引发活动"主题"、指导活动方式等策略"控制"幼儿的活动，进而影响幼儿的学习经验。

2. 幼儿园课程是"帮助幼儿获得有益的学习经验的活动"

关注活动，可能会导致一些危险的倾向，即过于注重活动的外在形式和过程，忽视活动的目的，甚至将活动本身作为目的，仅仅关注幼儿是否在"活动"，不考虑该活动对幼儿的意义是什么，在活动中幼儿究竟获得了什么经验。

因此，在幼儿园课程定义中用"有益的学习经验"加以限定，可以起到进一步明确活动的指向性、目的性的作用，使过程和结果、形式和实质更加密切地融合为一体。

3. 幼儿园课程是"各种活动的总和"

幼儿园课程的表现形式是多种多样、异常丰富的，凡是作为实现幼儿园教育目的的手段而运用的、能够帮助幼儿获得有益的学习经验的活动，都是幼儿园课程的有机组成部分。

它包括幼儿园专门组织的教学活动、日常生活活动、游戏活动等。

4. 新知识观对幼儿园课程内容的理解

（1）适宜性与发展性相结合的课程内容

课程内容的构建要适合幼儿，并且要平缓、自然地从一个内容过渡到下一个内容。另外，课程内容的构建还要尊重幼儿的个体差异，除了选择适合同一个年龄段幼儿的内容外，还要选择一些适合个别幼儿的具体内容来发展幼儿的个性。

（2）关联性与结构性衔接的课程内容

所谓课程内容的关联性，是指幼儿园各年龄阶段的课程内容应彼此衔接，相互沟通。比如小、中、大班课程内容的难易程度要有衔接，因为每一阶段的幼儿细微发展不同，对事物的认识和理解也不同，因而课程内容应由浅入深、由易到难，遵循循序渐进的原则。

构成幼儿园课程的内容还要注意结构的合理性，即学科之间、认知与情感、社会性和审美等方面达到一定的平衡。

（3）灵活性与多样性统一的课程内容

我国幅员辽阔，各地区的幼儿园所处的自然、人文、生活环境不同，因而在选择课程内容时应当在符合《纲要》《指南》精神的前提下，根据当地的自然、社会、文化和家庭中的教育资源形成各园的特色课程。

教师还应根据本班幼儿的实际情况，对课程内容适时加以调整、补充和修改，创造性地构建富有弹性的课程内容。

二、幼儿园课程实质的变化

1. 20世纪80年代以来幼儿园课程改革回顾

从1978年改革开放以来，我国教育体制改革的开展和推进不但为这一时期幼儿园课程的改革提供了重要的教育背景，而且直接催发了我国幼儿园的课程改革。1981年，教育部颁布了《纲要》，标志着我国20世纪80年代幼儿园课程改革的开始。与此同时，西方先进的儿童心理和教育理论涌入我国，对我国原有的儿童观、教育观和课程观造成了巨大的冲击，也引起了幼儿园课程改革理念的转变。这一时期我国陆续颁布了《幼儿园工作规程（试行）》《幼儿园工作规程》（以下简称《规程》）。其中《规程》将试行稿总则中的"幼儿园是学校教育的预备阶段"改为"幼儿园是基础教育的有机组成部分，是学校教育制度的基础阶段"，进一步明确了幼儿园的性质，充分肯定了幼儿园的教育属性，明确了幼儿园在我国教育事业中的特殊地位，将幼儿园纳入我国的学制体系。

2. 20世纪80年代以来幼儿园课程改革的反思

（1）课程改革的总体趋势

第一，广泛吸收先进理论，指导思想科学化。20世纪80年代以来，我国对外交流增加，广泛吸收、借鉴了许多国外先进的教育思想和理念，这对我国原有儿童观、教育观和课程观造成了巨大冲击，并引发了其重大转变，使我国幼儿园课程改革的指导思想更加科学化和现代化。其中，对我国影响较大的理论包括马克思主义教育哲学理论、皮亚杰的儿童认知发展理论、布朗芬布伦纳的人类发展生态学、泰勒的课程理论及杜威和蒙台梭利的教育思想等。这些理论对课程改革指导思想的影响首先表现为我国儿童观的变化，具体体现在儿童发展观、主体观、整体观、活动观等的转变。

经济欠发达的农村地区存在因为资金有限、师资严重不足，统一的课程在教育实践中无法完成的现象。随着幼儿园课程改革的不断推进，人们逐渐意识到了单一课程模式带来的问题，因此在后来的文件中没有再对幼儿园课程模式和教育内容等进行硬性规定。2010年《教育规划纲要》《关于当前发展学前教育的若干意见》等都体现了对区域、城乡差异的关注和对农村学前教育及幼儿园课程建设的倾斜和重视。

（2）课程改革存在的问题

第一，探索课程模式过程中，有盲目从外的倾向。纵观我国幼儿园课程改革的历史，几乎每个时期都从国外吸收各种新的课程模式——从仿日、苏、美，到引进蒙台梭利课程模式、瑞吉欧教育体系课程、高瞻课程等。积极引进国外先进的课程模式无可厚非，但若片面地认为只要是国外的、流行的就是好的而盲目从外，那么就失去了意义。幼儿的高度参与和主体性的充分发挥是其精髓。而我国大多数幼儿园每班至少20人，如此，幼儿的参与度必然大打折扣。因此，在探索多种课程模式和引进国外课程理念及模式的过程中，一定要注意立足我国国情与需要，将新的理念和模式与我国实际结合起来，探寻本土化的幼儿园课程模式。

三、幼儿园课程的管理与存在问题

幼儿园课程管理是衡量一所幼儿园水平的重要指标，是实现幼儿园育人目标的载体。著名教育家陶行知指出：全部的课程包括全部的生活，一切课程都是生活，一切生活都是课程。《3～6岁儿童学习与发展指南》（以下简称《指南》）也明确提出"要树立一日生活皆课程的教育理念"。课程的改革，要遵循其生活化、游戏化、个性化、园本化和多元化的原则。课程改革进行了一轮又一轮，但现阶段幼儿园课程管理存在的共性问题如下。

1. 表格化强制性规定

为了使幼儿园管理效果提高和简单化，幼儿园制定好《幼儿园一日活动时间安排表》，规定老师和幼儿在每个时间段需要进行的活动，在日常的教学检查中，对于不按时进行相关活动的班级和老师进行相应的"提醒"或者"警告"。为此，老师为了配合时间，在孩子游戏正浓正专注的时候不得不打断孩子的游戏，赶下一个活动。

2. 过度借鉴情况

每个幼儿园都有自己的课程管理模式，品牌效应也日益凸显。当我们外出学习时，看到这个幼儿园的课程非常好，我们回去学学，看到那个幼儿园的特色很有成效，我们回去模仿。有些幼儿园甚至会直接照搬照抄，由于每个幼儿园的实际情况不一样，这样的"搬来"模式显然是很难立足的。

3. 理念的理解不深入

在课程游戏化背景下，我们提倡让幼儿自主学习，让幼儿在活动中按自己的想法和心意，选择自己喜好、自己的水平和自己的行为方式独立接收信息，获得经验，再提升认识。在一次教研调查中，我们发现，老师对于"自主"的理解还是不够深入，在老师的观察记录中也发现，很多时候孩子的"自主"是发生在特定范围，看似自主却不是完全的自主，常常让老师感到很迷茫。

四、幼儿园课程开发的策略

针对上面的问题，我们可以尝试"放手""放权"，让老师们在新的课程建构中得到充分的时间和空间，让老师们成为课程的开发者和实施研究者。这是一个新的尝试，也是一个自下而上由幼儿、教师、园长共同参与的一个教学变革。其中，教师是改革的关键，也是改革的主要实施者，通过此改革，提升我园课程品质，凸显我园的教育特色。

1. 我的主题我做主

老师每天都与孩子朝夕相处，对于孩子的发展情况，他们更有发言权。因此我们决定从主题教学活动入手，改变以往全园使用统一教参再按班选择内容的做法，由各班教师自主安排本班的主题活动。刚开始时，老师也是一脸的迷茫，因为孩子感兴趣的话题很多，孩子的很多兴趣点还来不及捕捉，又转入新的话题中。

在一次教研活动中，我们针对这样的问题来给老师们研讨。研讨的结果是我们不仅要关注幼儿兴趣爱好，还要结合幼儿的年龄特点，根据《指南》的精神，先预设主题的活动内容，逐渐被孩子自发生成的活动内容所代替。我们让教师把主题活动当成一个游戏项目，在幼儿游戏活动展开的过程中，通过内容的发展、需要、整理，在观察幼儿的基础上有针对性地选择活动的内容，不断生成主题活动的内容，丰富主题活动内容。

2. 我的时间我做主

在主题活动的带动下，老师在开展主题活动时不再受到时间和空间的限制，这就把之前固定的一日生活作息时间给打乱了。为此，我们也把"改革"伸向了一日活动的安排上，既要保证幼儿有足够的时间和空间选择、生成活动，又要保证一日活动中"保教结合"不失衡，为此我们又开展了教研活动。在讨论中，老师们把一日作息分成了四大块：游戏、学习、运动和生活。一日作息时间，除了保证三餐间隔和孩子的充足睡眠，其他的时间都可以由教师根据本班幼儿活动需求进行弹性调整。所以周计划也相对应地进行了调整，统一的时间包括早操、早餐、午餐和午睡时间等，机动时间包括户外和集体教学时间等。

3. 我的环境我做主

之前由于主题统一的限制，我们幼儿园的环境创设都是大同小异的。随着"放手"课程的改革深入开展，我们把环境创设的权利也交还给了老师和孩子。这样的环境创设主要服务于幼儿，教育功能也逐渐凸显出来。

如中班开展主题活动《食物的秘密》，一个小朋友说："我妈妈给我订了好吃的外卖，有薯条、可乐还有比萨。"很快，孩子们就七嘴八舌地聊起自己收外卖的情境，于是一个"外卖员"的角色在孩子们的心中萌发了。结合外卖员送外卖的情境，老师和孩子就敲定了以《小小外卖员》为主题进行墙面布置。在布置初期，孩子们只是把外卖的食品照片粘贴在墙面上，随着主题活动的进展，外卖单、订单区、食物配送区、收货地点等板块逐渐出来了，原来在墙面上的两个固定板块被拆成了三个可移动板块。经过这样的调整和变动，主题墙变成了一个有情境、有游戏的操作场地，孩子制作的作品被展示出来，既满足了孩子游戏的需要，也给参观者和家长展示了主题故事。这样的环境创设还体现了孩子探究学习的一个过程轨迹，是孩子学习的外在"表征"，不但展示了班级课程生成的过程，还能通过这样的展示帮助幼儿提升和梳理知识经验。把墙面留白，交还给孩子，这也许就是我们给老师"放手"后的连环效应。

再如小班的主题探索活动《蚕宝宝成长记》，在探索蚕宝宝的生长过程中，孩子提出各种有趣的问题，随时随地进行探索和研究，联动家长一起参与，这不仅是一个探索的过程，更是一场生命的教育。

又如中班的《蚯蚓，你好》，孩子们能自由地展开想象的翅膀尽情翱翔，孩子们在不断提升自身能力的同时，情感也得到了升华。通过户外探索与学习，孩子对蚯蚓有了一份特殊的情感，保护动物的意识也在不断地增强。

因为放手，所以课程变得"人性化"，幼儿的活动变得"个性化""丰富化"。在这个学期中，我们欣喜地看到班级主题课程逐渐丰富起来。这是一场有效的变革，我们在实施的过程中发现这不仅是可行的，也是非常符合幼儿园发展的。让幼儿真正成为学习的主人，是课程游戏化建设的根本目的，也是我们保教品质提升的最好表现。

第二节

幼儿园环境创设与管理

幼儿园环境可按照其性质的不同分为幼儿园物质环境和幼儿园精神环境两大类。

一、幼儿园物质环境

幼儿园物质环境是指幼儿园对幼儿发展有影响作用的各种物质要素的总和。其包括园内装饰、设备条件、场所布置、园舍建筑、物理空间的设计与利用及各种材料的选择与搭配等。幼儿对于其所生活的物质环境有着较大的依赖性，幼儿在什么样的物质环境中生活，就会产生相应的活动，而当没有或不具备一定的物质条件时，幼儿的某些行为则不会出现。因此，人们达成的共识就是："物质环境会影响幼儿的行为表现。"

（1）教育性原则

教育性是幼儿园班级环境创设的首要原则，一个好的班级环境创设应该是一本多彩的、立体的、富有吸引力的无声教科书。环境不仅是课程开发、设计的来源，也是课程实施的方法。班级环境创设要与课程设计和实施相呼应，展现教育活动主题。

很多幼儿教师在创设班级环境时没有考虑到环境创设的教育价值，具有一定的盲目性，或者一味地追求美观，对环境的教育性考虑较少。因此，教师在创设环境时，要依据幼儿园教育目标，对环境设置做出系统规划，注重环境创设与管理的目的性、计划性和系统性。

幼儿园的管理者要时常思考：当下班级环境中有哪些因素可以为学期目标的实现服务，应该怎样利用这些因素？为了与正在进行中或下一阶段的主题活动相配合，需要提供哪些活动材料，墙面图案是否需要更新？

（2）发展适宜性原则

不同的幼儿有不同的个性特点和发展需要，教师在创设班级环境时要根据不同年龄阶段的幼儿创设适合幼儿发展需要和兴趣的环境，且环境创设也要随着幼儿的发展而做出及时的调整。

例如，小班幼儿刚入园，有不同程度的分离焦虑，适应幼儿园需要有一段时间，教师为减轻幼儿的焦虑感，可以将班级营造成温馨、舒适的家庭生活氛围，用纱幔、布帘等装扮娃娃家，让幼儿在游戏中减轻焦虑，获得安全感。

再如，大班孩子即将上小学，对小学充满好奇与期待，加之大班孩子的动手操作能力、与教师协商沟通能力较强，教师就可以围绕"我要上小学"这一主题，让幼儿自己收集、制作与小学有关的东西。

（3）幼儿参与性原则

由教师创设的环境，对幼儿来说更多的是一种观赏价值的体现。要想更好地实现环境的教育价值，促进幼儿发展，教师必须鼓励幼儿参与班级环境的创设，使幼儿与环境发生互动，在与环境的相互作用中促进自身发展。

首先，教师在设计班级环境创设方案之前，可与幼儿共同商讨，就环境创设的内容和具体创设方案进行集体讨论，鼓励幼儿大胆表达自己的想法和观点，调动幼儿参与的积极性。

其次，教师应让幼儿参与班级环境的创设，让幼儿亲自去收集信息并制作环境创设需要的材料等。这样一来，幼儿便成了环境创设的主体，既能锻炼动手操作能力，还能体验劳动的艰辛，从而珍惜自己的劳动成果，自觉保护环境。

（4）安全性原则

幼儿安全问题是幼儿园第一大问题，在进行班级环境创设时自然也应将环境的安全性放在首位。因此，教师在创设环境时应注意并消除环境中的不安全因素，如电线、开关、插座、消毒液等危险物品应放置在幼儿够不着的地方，墙面要配有软包，玩教具要定期要进行消毒和维修检查。

二、幼儿园精神环境

幼儿园精神环境的构成要素主要是幼儿园的整个风气、教师的教育观念和行为、幼儿园的人际关系，其中，幼儿园的人际关系是决定幼儿园精神环境质量的主要因素。因此，这里主要阐述一下如何通过构建良好的幼儿园的人际关系来创设美好的幼儿园精神环境。

（1）幼儿园的人际关系主要包括教师与幼儿之间的关系、幼儿与幼儿之间的关系、教师与教师之间的关系，以及教师与家长之间的关系等。积极健康、轻松愉快、尊重信任的人际关系将会给幼儿的心理产生潜移默化、不可估量的影响。

（2）幼儿园精神环境的创设在很大程度上依赖于幼儿园教师。教师的言行举止，从根本上决定着幼儿园内人际关系的整体面貌，决定着班级心理环境的质量。因此，教师应当在幼儿园精神环境的创设中发挥重要作用。

（3）尊重幼儿是营造良好精神环境的根本。教师在活动中要充分认识到：尊重是一切教育的基础，教师与幼儿之间是平等的。

第一，尊重幼儿就是要尊重幼儿的身心发展特点。例如，小班幼儿的思维以具体形象为主，小班幼儿通过感知活动来获得经验，精细动作发展不完善，肢体大动作的协调性有待提高。如果此时幼儿过早地学习识字、写字、数学运算等内容，就违背了幼儿的发展特点，没有尊重幼儿的生理和心理特征，会对幼儿的身心发展产生不利的影响。

第二，尊重幼儿就是要尊重幼儿的个性、情绪情感。幼儿有着丰富的情感世界，但是由于语言表达能力发展不完善，常常无法用正确的方式表达自己的内心感受，甚至会做出一些让成人无法理解的事情。例如某幼儿性格内向，经常会在其他幼儿自由玩耍的时候发出巨大的响声来吸引他人的注意，经教师了解，该幼儿的父母工作忙，缺少亲子间的互动交流，导致幼儿情感的缺失，得不到他人的及时关注，因此幼儿通过此种方式来吸引他人的注意，以得到情感上的关爱和宣泄。作为教师应及时关注幼儿的心理健康，深入了解幼儿的心理变化和外在特殊的行为表现，为幼儿做好情感的疏导，帮助幼儿学会运用正确的方式表达自己的情感。

第三，尊重幼儿就是要尊重幼儿的经验。幼儿天生具有强烈的好奇心和求知欲，在生活中，他们所获得的知识、经验时常超出了成人的想象，因此教师要尊重幼儿的已有经验。

第四，尊重幼儿还应注意保护幼儿的自尊心。每一个幼儿都不希望被批评。作为教师，要注意保护每一颗幼小的心灵，正如苏联著名教育实践家与理论家苏霍姆林斯基所说："教师要像对待荷叶上的露珠一样，小心翼翼地保护学生的心灵。晶莹透亮的露珠是美丽可爱的，却又是十分脆弱的，一不小心露珠滚落，就会破碎不复存在。"

第三节

幼儿园班级管理

幼儿园班级是幼儿园的基层组织，是幼儿园实施保教任务的基本单位，幼儿园班级是幼儿园组织、安排教育活动和生活活动的重要场所与途径，整个幼儿园的工作都是通过各个班级的工作来实现的。幼儿园班级管理是一个动态的过程，它是教师根据一定的目的要求，采用一定的手段措施，通过组织、计划、实施、调整等环节，把幼儿园的人、财、物、时间、空间、信息等资源充分运用起来，对幼儿实施保育与教育的过程。

一、班级管理的目的

班级的管理水平会直接影响幼儿园的保教质量，进而影响幼儿园的声誉。因此，做好班级管理工作对一所幼儿园来说意义巨大，影响深远。班级管理的目的是管理实践指导思想的核心，也是管理工作者的工作意图。

幼儿园班级管理目的论研究是幼儿园班级管理的基础理论研究，可从内在目的论和外在目的论两个层面来进行阐释。

1. 把幼儿培养成个体生活的主体和社会生活的主体

幼儿园与小学不同，幼儿园活动是以一日生活为基础做整体安排的。幼儿一日生活涉及生活与教育诸方面，包括来园、晨检、早操、游戏、体育、午睡、盥洗、餐点、劳动、娱乐、户外活动、自由活动、离园等。在班级管理中，一日生活的组织引导是指对幼儿园班级每天所进行的各项活动，如饮食、睡眠、游戏、上课等，要进行有序、合理的安排，使幼儿生活有规律、有节奏，并使整个幼儿园生活、学习保持正常、稳定的节奏，这是促进幼儿身体健康的重要前提保证。

幼儿园班级管理以促进幼儿在认知、情感、个性、社会性等方面的全面、和谐发展为目标，通过各种教育手段培养幼儿身心健康成长。其主要体现在：在认知上，教师运用直观、具体、形象、丰富多彩的教育教学形式和方法，发展幼儿智力，培养幼儿正确运用感觉和语言交往的基本能力，培养有益的兴趣和求知欲望，以及初步的动手能力等。在情感和个性化上，在幼儿园班级管理的一日生活中，教师不可避免地随时随地面临着幼儿在认知、交往等过程中出现的各种各样的矛盾和问题，需要教师随机对幼儿进行思想品德、行为习惯、态度情感等方面的引导和教育，这种教育功能是潜移默化的，必须在班级的一日生活中渗透和习得。在社会性上，教师在班级管理过程中，通过创设教师与幼儿、幼儿与幼儿、幼儿与材料之间的良好的互动环境，可以有效促进幼儿社会性的发展。

2. 形成办园特色，打造办园品牌

一所幼儿园要想得到社会的认可，就要办出自己的特色。特色不是对已有经验简单地继承就能形成的，而是通过对幼儿园的班级管理来实现的。因此进行幼儿园班级管理，探索个性化的班级管理新举措，从而不断提升班级管理水平，使班级管理工作由模式化逐步走向特色化的管理轨道，这是形成办园特色的关键。

未来幼儿园的竞争就是品牌的竞争，没有品牌就失去了竞争力。因此，幼儿园在形成了自己的办园特色后，还需打造自己的品牌，因为品牌的塑造不仅关系到幼儿园的声誉和发展，还关系到幼儿园在行业中的位置以及社会与家长的认可程度。品牌的形成是个长期的过程，它是在班级管理的实践中发展起来的，它的保持和发展需要不断创新的途径又必须回到班级管理上来，通过班级管理这一实践检验有效后，才能形成自己的品牌。

由此可见，幼儿园班级管理的外在目的就是幼儿园在生存和发展的基础上，形成自己的办园特色、打造自己的办园品牌。

二、班级管理的原则

班级管理原则是对班级进行管理必须遵循的普遍性行为准则，它对班级全面管理具有重要的指导意义。幼儿园班级管理有其特殊性，幼儿的心理和生理特点决定了幼儿教育的目的不是单纯地传授知识，而是对幼儿进行生活管理和教育，最终促进幼儿的全面发展。因此，我们要从幼儿园的班级管理特点出发，遵循幼儿园班级管理的基本原则。

1. 以人为本原则

《纲要》指出："幼儿园教育应尊重幼儿的人格和权利，尊重幼儿身心发展的规律和学习特点"。《3-6岁儿童学习与发展指南》中提道，要"关注幼儿学习与发展的整体性""尊重幼儿发展的个体差异""理解幼儿的学习方式和特点""重视幼人的学习品质"，以人为本是幼儿园的办园根本，幼儿园班级管理也应该遵循以人为本的原则，即一切以幼儿发展为本。

以人为本原则，就是要确立和尊重幼儿在班级中的主体地位，尊重他们的个性特点，让班级的一切活动都为满足幼儿的成长和发展而设计和组织，培养他们的自信。全面发展的素质，尤其注重培养他们的创造力。以人为本的班级管理，要充分考虑幼儿身心发展特点，实现"促进每一个幼儿在原有水平上得到充分的发展"，幼儿处在不同的年龄阶段，身心发展则处在不同的水平阶段，同时，不同的幼儿个体之间会表现出发展水平、能力倾向、学习方式和原有经验方面的差异，在班级管理中，教师必须充分考虑幼儿的身心发展特点，尊重幼儿的身心发展特点，尊重幼儿的差异性。在一些幼儿园中，教师普遍的理念是班级的管理就是幼儿在课堂上的管理，只要不让幼儿有安全上的问题就可以了，但是班级管理却不仅限于此，我们要了解幼儿的个性差异，身心发展特点，以幼儿为主体，一切以幼儿的发展为根本，在班级管理中遵循以人为本原则。班级纪律的约束、制度的建立等要建立在尊重和有利于促进幼儿发展的基础上，真正做到一切为了幼儿的发展。

2. 整体协调原则

整体协调原则是指班级管理应是面向全体幼儿以及所有教师，并涉及园内所有管理者的管理。整体协调原则保证了班级全体幼儿的共同进步而不是部分幼儿的超常发展，确保班级各种管理要素得到充分的利用。教师应把班集体中的每一个人都纳入管理工作的视野，且切实地加以管理，把全体幼儿作为一个系统、作为一个整体来对待，这是当今科学的管理观、教育观所倡导的。

全面整体协调原则要求在班级保教过程中，教师应面向全体，既照顾到全班整体水平，提出基本要求，又照顾到个别特点，有针对性地加以引导，处理好一般与个别，统一与多样的关系，使全班每个幼儿都在原有基础上得到尽可能充分的发展。另外，带班教师之间、带班教师与保育教师之间要相互协调配合。班级保教人员要对全班幼儿全面负责，要将幼儿全面发展的教育贯穿到各种活动之中

3. 师幼互动原则

在此提出的师幼互动是指贯穿在幼儿园班级的一日生活的各项活动中，发生在班级活动所有场景中的教师与幼儿之间的有效互动，也就是说，教师要避免因为自己在班级管理中居于权威者地位而发生的以教师为中心的教育行为，要关注幼儿的需要，关注幼儿行为的意义，与幼儿建立积极有效的互动，而不是时时处处以教师为权威，幼儿必须完全听从教师指令的单向管理行为。

有效和谐的师幼互动对幼儿的身心发展至关重要。教师要为幼儿创设一个宽松而又安全的环境，允许幼儿按自己的意思选择活动，使幼儿产生积极活动的欲望。教师要树立科学的儿童观，把幼儿当作具有独立人格的人，善于观察幼儿的个性特征和行为，走进幼儿的内心世界，对幼儿的行为做出合适的反馈。

4. 保教结合原则

教育部会颁布的《幼儿园工作规程》中指出："幼儿园的任务是实行保育与教育相结合的原则，对幼儿实施体、智、德、美等诸方面全面发展的教育，促进其身心和谐发展。"首次明确提出幼儿园保育和教育的主要目标，表明幼儿园保育开始与教育拥有同样重要的地位，为实现保教结合奠定了基础。1990年教育委员会颁布的《幼儿园管理条例》中认同和强化了这一原则，最终从教育法规的高度固定下来。《幼儿园教育指导纲要（试行）》中提道，"幼儿教育应尊重幼儿的人格和权利，尊重幼儿身心发展的规律和学习特点，以游戏为基本活动，保教并重，

关注个别差异，促进每个幼儿富有个性的发展"。《3–6岁儿童学习与发展指南》中也提到要从保育和教育两个方面促进幼儿的身心发展，使幼儿度过快乐而有意义的童年。

保教是一个整体概念，幼儿的年龄特点决定了幼儿园教育的特殊性，主要体现在保育与教育相结合上，二者是相互融合的，即保中有教，教中有保。保中有教，意味着保育中含有教育的因素；教中有保，意味着教育中渗透着保育的内容。幼儿教育常常是从保育开始的，教师总是先教幼儿最基本的生活常识，如怎么吃饭、怎么穿衣等，这既是保育，也是教育。从幼儿园管理工作而言，保教管理是重中之重，是确保幼儿园实施全面发展教育的保证，是达到良好教育效果的出发点和归宿。

5. 家园协作原则

幼儿园班级管理工作的有序开展离不开家长的支持和配合。家长配合幼儿园的管理工作，发挥家长资源的有效作用，让家长成为幼儿园的主人，参与园本设计与决策，发挥家园共育作用，既是《纲要》的要求，又是幼儿发展的要求，更是社会发展的必然趋势，无疑也是幼儿园班级管理的基本原则。

在幼儿园的班级管理中，教师应多征求家长的意见，关注家长参与指导，指导家长配合开展班级管理工作，同时帮助家长转变教育观念、行为，提高家庭教育能力，向家长宣传幼儿教育的目标和要求，以便家园合作，形成合力，促进幼儿身心健康发展。

三、班级管理的内容

按照一般管理理论，管理的要素包括人、财、物、时间、空间、信息。根据幼儿园班级管理的特殊性，幼儿园班级管理的内容包括对班级中教师和幼儿的管理、班级财务管理、班级物品管理和班级信息管理等。

1. 幼儿园班级老师的管理

2012年教育部颁布的《幼儿园教师专业标准（试行）》中指出，教师是幼儿园全面负责幼儿生活与教育的人员，在基本内容框架中包含了专业理念与师德、专业知识、专业能力三个维度，尤其在专业能力方面，充分体现了幼儿园教育的突出特点和保教的基本任务，特别强调了幼儿园教师所必须具备的良好环境的创设与利用、幼儿园一日生活的合理组织与保育、游戏活动的支持与引导、教育活动的恰当计划与实施能力等。在幼儿园的班级中，通常是两到三个教师在一起协同完成教学任务，教师要学会在一起工作，相互了解、相互协助、相互学习，形成一个合作集体。教师作为一个集体应该共同完成以下几方面的工作：

（1）共同布置教室的环境和安排幼儿的一日生活

在新学期开始之前，根据学期计划的要求以及课程的目标和内容，教师要集体决定如何布置教室和安排幼儿的一日生活。教室的布置和幼儿的一日生活安排在学年中是要根据具体要求而变化的，这些变化必须经过集体讨论同意才能通过。

（2）共同制订教学计划，分工设计学习活动

班级的教学计划应该由教师共同制订，首先教师要一起讨论近期的计划，如一周一个主题，依据课程的目标和内容以及本班幼儿当前的兴趣和需要，确定近期内需要提供的各类活动；接着大家分担任务；最后大家进行汇总。每个教师都应该清楚教学计划的安排和自己要做的工作。

（3）共同讨论决定一天的分工

幼儿的一日生活中，除了计划的活动之外还有很多日常的事务要做，如幼儿入园谁迎接，谁来负责家长访谈，幼儿的区域以及户外活动谁组织，等等。这些问题都需要提前分工，只有教师明白自己的具体分工，才

能保证教育质量。

（4）教师每天集中评价和计划

一个活动或一天结束时，为了保证教育的质量，教师要用半小时或一小时的时间来交流和回顾这一天幼儿的活动情况，以评价计划的落实效果和教师自身在教学过程中的表现，教师与教师之间应该互相评价，评价内容不只包括个人的评价，还应包括各位教师在合作中的表现。

2. 幼儿园班级幼儿的管理

幼儿园作为教育系统的基层单位，其管理工作是通过幼儿园中的最小单位——班级来实现的，班级也是幼儿集体的一个大组织。做好班级管理就是做好幼儿集体管理。在幼儿园中，活动的开展一般有集体活动、小组活动以及幼儿的个别活动。集体活动是全班幼儿一起学习的一种有效活动方式，但是很难照顾到每个幼儿的想法，因此要与小组活动和幼儿的个别活动相结合、相辅相成，共同完成教学与活动目标。

在幼儿教育中，集体教育是为了实现幼儿园的保育和教育目标。让幼在活泼有序的状态下学习、生活，这是常规教育的目的之一，只有保持幼儿集体的稳定，才能保证幼儿在幼儿园能健康、活泼地成长。因此，做好班级幼儿集体管理要注意以下几个方面：

（1）进行集体管理要对班级幼儿有全面的了解，幼儿之间本身就存在着年龄和心理的差异，教师要对每个幼儿的个性和习惯有全面的了解，这样才能制定出符合本班幼儿发展的常规管理方法。

（2）进行集体管理要抓重点、重养成。幼儿的年龄比较小，自控能力比较差，教师要让幼儿首先明白为什么要这样做，进而提高幼儿分辨是非的能力。虽然幼儿的可塑性较强，但是其习惯也并非一朝一夕就可以养成。这需要教师在教育中遵循幼儿的身心发展规律，反复进行练习，帮动幼儿建立常规。

（3）进行集体管理要抓日常、重常规。"千里之行，始于足下。"幼儿良好的教育要以身边的每一件小事做起，即从日常生活的基本要求做起，它包括生活常规和学习常规，而生活常规隐含了幼儿良好的卫生习惯、在园的生活习惯、集体规则意识的培养等，教师要根据幼儿园一日生活的内容，有计划地开展常规管理工作。

3. 班级的物品管理

在幼儿园，一个班级就像一个小家，各家物品摆放习惯和物品需求不尽相同，为了使班级物品管理工作更加规范、有序，后勤部门要对班级物品摆放进行常规管理。

幼儿园班级用品一般指供幼儿生活、学习、活动使用的低值易消耗品，包括幼儿玩具、读物、洗漱用品以及班级装饰品等。那么提高易消耗物品的周转使用率是管理的目的。让所有的物品摆放都有一个固定的位置和区域，并做到科学合理摆放，消除因混放而造成的差错和不便。比如，制作统一标签，标明物品的名称类别，同时根据各类用品的使用频率和放置习惯统一规划，等等。

4. 幼儿园班级信息管理

幼儿园班级信息管理的内容包括幼儿信息管理、班级教育信息管理以及班级日志管理。

幼儿信息管理主要指对幼儿成长信息的记录和管理，一般也称幼儿档案管理，它不仅是幼儿园档案管理的一部分，也是幼儿园班级管理的一项重要工作。班级教育信息管理是指针对全班幼儿的教育信息的收集、记录和整理，包括每个学期的学期教育计划、每个月的月计划、每周的周计划、每个阶段的教学效果情况和教师的教学反思。班级日志管理是指教师每天如实记录班级一日活动发生的情况，便于教师之间的沟通，以便园领导了解班级情况。

四、班级管理的诀窍

幼儿园班级管理是幼儿园管理的一个重要部分，因其管理对象不同，在管理方法上明显区别于中小学班级管理。幼儿园的班级工作，从教师计划的制订、实践记录的形成，到幼儿园班级空间的布置、一日生活的组织和安排等，都是班级管理工作的重要内容，每一个环节都会对幼儿产生重要影响。因此，在班级管理过程中，教师要灵活运用管理技巧，实现班级管理的目标。

1. 注重感情投资

著名心理学家埃里克森的人生发展阶段理论认为，4～7岁的孩子的生理心理各方面发展都比较完善了，宝宝能够更加自主地去探索这个世界，进入发展的"主动对内疚"阶段。一方面，他们积极主动地与外部世界互动，充满好奇心和行动力，觉得自己无所不能，自信满满。另一方面，他们会因为探索过程中的挫折、错误而否认自己。

如何与该阶段的宝宝相处？

美国认知教育心理学家、哥伦比亚大学发展心理学博士奥苏贝尔将学习的动机分成三种：自我认知的内驱力、附属的内驱力、自我提高的内驱力。

诚然，孩子对世界的探索也是学习的过程，在这个特殊的阶段，我们可以用帮助孩子提升学习动机的方法，对他的主动行为进行鼓励。

（1）激发内部动机

几乎每一个孩子都对探索世界保持着高度的热情，这是他们学习天生的"自驱力"。比如，孩子对帮忙摆放碗筷、擦桌子、收拾玩具等充满好奇心和热情，就不需要再用什么零用钱、玩具来进行奖励。作为家长和教师都需要警惕的是"用力过猛"，用奖励惩罚等各种方式来"帮助"孩子。这样反而会伤害孩子的"内部动机"。需要注意的是：奖励才能增加良好行为发生的概率，而惩罚并没有此效果。因此在日常生活中，我们通常强调奖励而较少使用惩罚。

（2）让孩子自己探索

中国现代幼儿教育的奠基人陈鹤琴先生认为：凡是儿童自己能够做的，应该让他自己去做。凡是儿童自己能够想的，应该让他自己想。鼓励儿童去发现他自己的世界。

孩子是可以自己"教育"自己的。比如孩子一次做不好、不成功，他会自己不断摸索调整。家长或老师自认为好的方式，却正是在摧毁孩子的创造力。家长或老师简单的一句："来，宝宝，我教你。"既打击了孩子的积极性，也减少了孩子自己"教育"自己的机会。此时期，如果教师能够恰当地把握自己对幼儿的态度和行为，对于其独立性和创造性行为给予充分的肯定和鼓励，不仅可促进儿童的主动性的发挥和发展，还能培养儿童明辨是非的道德感以及勇于探索、乐观向上的人格特征。

（3）多鼓励孩子

在活动中，我拿起一只中性笔，问："你们能想到笔有哪些用处？"大多数父母只能想到写字，而孩子们的奇思妙想则可以找出很多新奇的用处。孩子天真烂漫，想象力丰富，经常会说出一些让大人摸不着头脑的话来。这看起来像是幼稚的行为，但也正是孩子的优势所在。所以，遇到孩子"奇怪"的举动，我们不妨静静欣赏，看看他有没有什么其他的想法，或者试试问他："你认为呢？""你觉得呢？"也许，你能听到更新奇的想法和故事，并且为之竖起大拇指。

如果教师对儿童的问题感到不耐烦或讥笑儿童的独特想法，过于严格地要求和限制儿童的想象以及探究行为，那么则会压抑儿童的想象、情感和主动性，使儿童产生内收感。因此，教师要耐心地观察和倾听幼儿的行为和话语，对幼儿的探索行为以及好奇心进行鼓励，成为幼儿学习的有力支持者和促进者。

鼓励孩子也是在保护他的创造力和想象力。马云就曾经说过，未来人才的竞争，将是创造力和想象力的竞争，将是学习能力的竞争。我深以为然，对于孩子，我们也应如此深信。孩子每天都在长大，每天都在变化，家长请一定要抓住孩子的每个关键期和敏感期，为他的成长助力加油！

2. 规则宜少不宜多

许多家长管小孩子上幼儿园叫"上学"，首先这就是一个概念的错误，错将一个启发思维的地方当成灌输知识的地方，错将一个简单的地方像大学一样要求，错将一个本应自由自在的地方当成束缚孩子的地方。

3~6岁的幼儿已经具备了基本的活动能力和生活自理能力，孩子上幼儿园过集体生活，从各方面得到锻炼，上幼儿园是孩子生活中的第一次改变，从自由自在的家庭生活进入有约束、有规律的集体生活，从家中"小皇帝""小公主"变为幼儿园的普通一兵，这种较大的变化不是每个孩子都能适应的。家长朋友试着在家里就开始立一些规矩，要求孩子遵守家庭生活的秩序，养成良好的生活习惯，如果我们家长能帮助孩子做好过集体生活的心理准备，使孩子顺利入园，孩子在幼儿园中将会生活得快乐、幸福。这一切将有助于孩子身心发展，对孩子以后上学、工作都有深远意义。

（1）好幼儿园是一个"玩耍"的场所，而不是"上学"的场所

我经常收到来自家长的这样的问题：孩子在幼儿园不好好听老师讲课，上课时乱动该怎么办？回家不爱写作业怎么办？这样的问题我没有答案，因为问题本身就是问题。

幼儿教育和其他年龄段教育有本质区别，它们不是由浅到深、由少到

多的"先后关系"，而是由播种到耕耘、由量变到质变的"因果关系"。幼儿教育的任务是启蒙，不是灌注散碎的简单知识。

一个理想的幼儿园应该是除了一部分活动和吃饭需要时间统一，其余时间孩子们都有自主选择的余地。他可以选择迟到早退，可以选择不午睡，可以选择某顿饭吃得多些或少些，可以选择随时上卫生间，可以玩积木也可以选择画画，老师领着大家唱歌时，他想唱就唱，不想唱就可以不开口，而不会受到指责。

理想幼儿园也很少搞评比和竞赛，却会为孩子们设计出许多好玩的活动。孩子们不需要整天为得了几朵小红花，是否得到表扬，是否得到好成绩而纠结痛苦……孩子们头脑中没有"好孩子""差孩子"的概念，没有"表现好"与"表现差"的区别，他们可以轻松愉快地玩耍，而不必担心受到批评和惩罚。

表面上看，这样的幼儿园太没规矩，事实上，这种"没有规矩"恰是一个人早期成长最需要的"自由的氛围"，在自由的氛围下，儿童内在的心理秩序感才不会被打乱，才能依自然提供的规律有序生长。

只要安全，老师就应该尽量不打扰孩子，这样的幼儿园，老师和孩子都不会无端地耗费能量，内心都是平和轻松的。我不希望有人把这种"充分的自由"理解成孩子在幼儿园可以无法无天，所以有必要说一下，教育中，"自由"和"不守规则"根本不是一回事，而是一对反义词。在一个有充分自由的幼儿园，孩子们不会变得很难管，恰恰相反，享受了充分自由的孩子，才更遵守秩序。

（2）"规则"与"自由"度把握适当，使管理班级更轻松

古人云："没有规矩，不成方圆。"幼儿园班级管理规则是指幼儿与幼儿之间、幼儿与保教人员之间、幼儿与环境之间、幼儿与活动材料之间的互动关系准则。幼儿园中所设定的班级活动一日常规就是规则引导法的

典型体现。

《纲要》明确指出："建立良好的常规，避免不必要的管理行为，逐步引导幼儿学习自我管理。"要想引导幼儿自我管理，就要在活动中渗透常规教育。比如，教师可以与幼儿共同讨论、制定活动规则，讨论是幼儿在学习生活中相互合作、相互交流而确定一种最佳方案的过程，通过师生共同讨论规则，幼儿就能够明白为什么要这样做，理解其中的道理，自觉遵守的人多了，也就达到了预期的效果；同时，教师可以运用文学作品促进规则养成。幼儿对文学作品中的形象以及情节十分感兴趣，并且喜欢模仿，因此可以利用文学作品建立规则。

在孩子的生活中，规则很大部分的内容其实是养成生活规律和行为习惯。孩子在日常生活中观察、思考和学习，他们喜欢熟悉的生活程序，重复性的、有规律的生活让他们觉得有安全感，并有利于他们意识到这些习惯的存在，从而逐渐形成习惯。比如，孩子吃饭时必须坐在自己的椅子上。他们对生活的"规定动作"有预见性，行为习惯养成了，就不会觉得规则是一种禁止。

3. 合理有效开展幼儿园规则教育

在实际教育活动中很多老师都感觉规则教育开展起来难度较大，通过观察和实践，问题主要出在以下几个方面：

一是教育者之间规则要求不一致，妨碍幼儿规则行为的养成。家园之间要求不一致，如幼儿园要求孩子玩完玩具自己收拾，归类放置，而在家中却是家人包办代替幼儿收拾的。本班教师之间要求不一致，如甲教师规定饭后只做安静活动，乙教师却允许饭后自由进入活动区玩。二是虽然制定了规则，但是制约性不够。指令或标志不够明确都有可能造成一部分幼儿对规则听而不闻、视而不见，从而不按照规则进行活动。三是教师对"规则"与"自由"度把握能力差，如游戏和游戏后，上课和下课，不同时间的规则混淆。四是规则教育没有持之以恒，难以培养幼儿的规则意识。有些教师在培养幼儿规则意识时，时紧时松，三天打鱼两天晒网，没有坚持原则到最后。

那么，如何合理有效地开展幼儿园规则教育呢？以我仅有的实践、观察和研究，初步归纳为以下几点：

一是转变教师观念，调节认识与实践上的偏差。《纲要》提倡民主、开放，强调以人为本的教育理念，注重幼儿自主学习和自主发展，但它是指有一定"规则"的"自由"。因此，在每一个教育活动中教师都应事先引导幼儿制定一些合理的规则，帮助幼儿认识和理解规则，有效地防止混乱局面的发生，又不影响幼儿活动中个性的张扬，做到既"收得起"又"放得开"。

二是建立适宜而有效的活动规则，促使幼儿按规则进行活动。

首先，活动前教师事先制定有效规则。活动并非任意行为，而是有其内部规则的，包含着积极的约束。规则具有一定的强制性，要求幼儿在活动中务必遵守。对于这类规则，教师可在活动前事先制定并明确地提出来。

其次，活动中师幼共同讨论制定规则。例如，教育活动中易出现幼儿争着说话的现象，遇到这种情况时老师就注意抓住机会及时进行教育培养，如幼儿争着发言一起说时，则问幼儿："你们都说什么？我一点儿都没有听见，你们听见了吗？""没有。""怎么才能听见呢？"经过讨论定下规则：要说话示意老师，别人说话不插话，想说等同伴说完了再说。

最后，在尝试错误中不断形成有效规则。当幼儿在活动中遇到问题时，教师不应急着把解决问题的"答案"告诉幼儿，而要引导幼儿自主地寻找解决问题的措施，让幼儿在尝试错误中去建立起相应的活动规则，这不仅会让幼儿深刻地体验到规则的重要性，增强幼儿遵守规则的自觉性，还有利于培养幼儿自主解决问题的能力。

4. 运用榜样进行正面教育

榜样激励法是指通过树立榜样，引导幼儿学习榜样并规范幼儿的行为，从而达到管理目的的方法。榜样激励法的使用要领有：榜样的选择要健康、具体、形象；在集体中榜样的树立要公正，有权威性；及时对幼儿表现榜样行为做出反应。榜样激励法在幼儿的日常生活管理中运用得比较普遍和有效。

对于一些遵守规则的幼儿采取鼓励表扬的方式，让其他幼儿学习。规则与幼儿的生活密切相关，所以幼儿园的规则教育是必要的，但我们必须牢记幼儿园的规则教育要以促进幼儿的自主发展为根本，选择合理而必要的内容，采取适合他们年龄特点的方法和手段，使规则真正促进幼儿自主发展。同时，规则教育是社会教育中的重要组成部分，它能促使孩子掌握社会规范，帮助孩子适应社会，因此，规则教育必不可少。

我本身可以说是一个比较古板的人，喜欢遵守规则，从小到大，潜意识中总认为无论是在社会还是在学校都应该遵守规则，一种东西的存在总会有它的用处，如果没有规则，我们的社会就会乱成一团；如果没有规则，我们的交通就不会井然有序；如果没有规则，我们的生活就会变得乌烟瘴气。制定规则是为了让孩子养成良好的习惯，更好地投入学习，是为了让孩子获得更大的自由，而不是限制孩子。规则教育有利于培养孩子的独立自主和适应社会的能力，也有利于教师日常工作的组织，所以值得我们进一步学习和研究，在我们的日常工作中更好地运用起来。这样不但可以令我们的孩子从小就养成遵守规则的好习惯，还可以使教师的工作变得轻松，让我们更热爱这份工作。

教师的行为更是引导幼儿主动学习的榜样，但是，有些老师却起不到正面榜样的作用。例如吃中饭的时候，孩子们在津津有味地吃着，班上的两位老师也分别从餐厅打来了饭菜，其中一位老师对小朋友们说："大家吃饭的时候要保持安静，不要说话。"自己却和另外一位老师边聊边吃，还把菜里的蒜挑出来放在桌上。两位老师树立的这种负面榜样很难让班上的孩子养成良好的常规习惯。

第四节

幼儿园保教工作管理

"保"就是保护幼儿的健康。健康的内涵十分广泛，有身体方面的，有心理方面的，还有社会适应方面的。身体方面包括照料幼儿的生活，保证供给幼儿生长发育的必要营养，执行合理的生活制度，预防疾病和事故，开展多种多样的体育活动，增进幼儿体质，使他们拥有健康的体魄；心理方面注重幼儿健康、积极的情感培育；社会适应方面指培养幼儿探索环境、适应社会的能力，使幼儿不仅有与他人交往的勇气，还要掌握与他人交往的技巧。

"教"指的是教学，通常是指有目的、有计划、系统地影响幼儿身心发展的活动。例如合理安排幼儿的生活、锻炼，培养幼儿良好的生活卫生习惯，让幼儿丰富知识经验，发展智力、语言能力，提高社会适应性，培养积极情感和个性品德。保教工作是幼儿园工作的中心。为了提高幼儿园教师的专业化水平，改进幼儿园保教工作，科学规范地实施幼儿园课程，使幼儿园的各项工作更好地为幼儿服务，为家长服务，为社会服务，就必须从加强幼儿园保教工作及班级管理工作开始。

一、保教工作是幼儿园双重任务的核心

幼儿园担负着保育和教育的双重任务。《幼儿园工作规程》第二条对幼儿园的性质做了明确的规定："幼儿园是对3周岁以上学龄前幼儿实施保育和教育的机构。幼儿园教育是基础教育的重要组成部分，是学校教育制度的基础阶段。"第三条规定："幼儿园的任务是贯彻国家的教育方针，按照保育与教育相结合的原则，遵循幼儿身心发展特点和规律，实施德、智、体、美等方面全面发展的教育，促进幼儿身心和谐发展。幼儿园同时面向幼儿家长提供科学育儿指导。"由此可见，保教工作是幼儿园全部工作的核心，是幼儿园中最基本的工作，幼儿园通过保教工作促进幼儿发展，实现为家长服务的目的，从而也是为社会服务。

从幼儿园的性质、任务还可以看到幼儿园教育不同于其他阶段的教育，具有教育性和福利性的双重特点。在幼儿园工作中，单纯强调幼儿园的教育性，只注重为幼儿服务，或片面强调幼儿园的福利性，注重为家长服务，都是将两者对立起来，导致双重任务都不能实现。因此，幼儿园的领导者一定要深入理解幼儿园的性质、任务，端正办园思想，确立保教工作是幼儿园双重任务的核心思想，并以此来指导幼儿园实践。

从现实情况看，有些幼儿园片面理解幼儿教育机构的性质任务。例如，单纯地强调幼儿园的社会服务性，盲目迎合家长，使幼儿教育倾向于小学化，违背幼儿身心发展规律，或单纯注重经济利益，以营利为目的，开设各种兴趣班、特色班，收取费用。因此，作为幼儿园管理者，应对幼儿园的性质与任务深入理解，端正办园指导思想，把握好幼儿园双重任务的本质。

二、幼儿园保教工作是全园工作的中心

幼儿园的办园水平体现在保教工作质量的好坏，是幼儿园全部工作的中心，所以围绕该中心开展工作，是办好幼儿园的关键。这是由幼儿园的性质和任务决定的，也反映了幼儿园工作管理的特点和规律。保教工作的中心地位，体现在幼儿园全部工作的方方面面。从幼儿园的性质和任务来说，全园全部工作都为教育幼儿和保教工作服务；从教育目标来说，保证保教质量是培养幼儿的关键，是保证幼儿全面发展的前提；从时间维度看，保教工作贯穿幼儿园一日工作的始终，每个环节都体现着保教工作；从工作内容来说，幼儿园全部工作均以保教结合为出发点，促进幼儿全面发展；从管理角度来说，幼儿园在一日生活各个环节均强调对幼儿保教结合。

1. 保教结合，教中有保，保中有教的原则

保教结合意味着保育与教育相互结合、包含、渗透，构成充分的有机联系，教中有保，保中有教。

一方面，教中有保，教育中有着保育的内容。2016年正式颁布的《幼儿园工作规程》专门增加了一条即第六条："幼儿园教职工应当尊重、爱护幼儿，严禁虐待、歧视、体罚和变相体罚、侮辱幼儿人格等损害幼儿身心健康的行为。"这表明，教育因素渗透到健康领域，对幼儿人格心理健康具有重要意义。教师在教养过程中要注重创设宽松的教育氛围，增强与幼儿之间的情感交流，营造良好的人际心理环境，这实际上应看作深层次的保育。

另一方面，保中有教，保育中包含着教育因素。以往幼教机构的保育侧重于保护幼儿身体健康和身体发育，往往是为保育而保育，缺乏教育性，而且较多是从消极防范保护的角度而言，保育的对象即幼儿处于被动

接受的地位。当前的保育被赋予了积极的含义，强调保护和增进儿童的健康，注重激发幼儿的积极自主性。保育的过程不是把幼儿放在被动接受的地位，而是强调以活动促发展，培养活动兴趣，增强幼儿的生活能力与自我保护、安全意识，体现了教育观念上的转变。保中有教，可以较好地适应幼儿在生活中学习的特点，使教育更贴近幼儿实际，更好地结合其生活经验。

2. 实施保教结合原则在管理上应注意的问题

要使保教结合原则得到切实贯彻实施，园所管理上应注意如下几个方面的问题：

（1）要在思想上充分认识保教结合的含义，而且要把保教结合的原则作为指导园所保教工作的根本原则。管理上要坚持以正确的教育思想观念指导教育实践。

（2）在工作安排、人员配备上，要做到教中有保、保中有教，二者紧密结合、相互渗透，而不是机械地并列。这就要求管理上要注重在一日生活的各项活动和各个环节中，自始至终贯穿保育与教育相结合的原则。班级的教师和保育员在工作中要密切配合协调，共同担负起对幼儿的教育责任，对全班幼儿全面负责。幼儿园班级中通常配备教养员、保育员，尽管其各自职责分工有所不同，工作内容有侧重，但应做到分工不分家，要在统一的班级工作目标和总体考虑安排下，在工作过程中密切协调合作，作为统一的整体实施保教结合的教育影响，共同完成促进幼儿全面和谐发展的任务。

（3）要发挥管理的导向作用。园所管理上一定要纠正偏差，对教养工作的要求和检查不能仅限于正规教学，园长和保教主任应对一日活动的整体效益进行检查评定。园长要注重发挥管理的导向作用，使这一原则真正得到贯彻执行，从而促进幼儿身心全面和谐发展。

三、提高安全教育的有效途径

减少意外事故或伤害的发生，最重要的是要让幼儿学会自我保护。因为看护、爱护不如自护，因此培养幼儿的自我保护意识尤为重要。

1. 提高安全意识

幼儿园应根据幼儿的年龄特点提高幼儿的安全意识，如有陌生人敲门怎么办？家长不在身边时，有陌生人送吃的要不要？自己能不能去碰热水瓶？能不能去摸电源插座？哪些地方比较危险？过马路时的注意事项有哪些？让孩子真正了解自我保护的方法，以提高他们的自我自护意识。

2. 寓教于乐

幼儿都喜欢做游戏，将安全教育内容融入游戏中，能使幼儿在轻松、愉快的气氛中树立安全意识，增强幼儿处理应急情况的能力，提高幼儿的自我保护能力。教师根据幼儿都喜欢做游戏的特点，在日常教学中设计一些渗透安全教育的游戏环节，帮助幼儿掌握一些躲避危险、处理危险的简单方法；还可以让幼儿越过一些故意设置的障碍物，锻炼幼儿的身体平衡能力。教师应将安全知识融入故事、绕口令、儿歌中，强化记忆，让他们树立深刻的安全意识和增强自我保护能力。

3. 充分发挥家长作用，形成家园教育合力

家长在幼儿安全教育工作中有不可取代的地位和作用。家长要适时地向孩子传授安全知识。此举也是对教师所教的安全知识的强化，使幼儿真正理解自我保护的方法，提高自我保护意识。幼儿园通过家园开放日、家长会、专题讲座等形式，向家长介绍一些"安全""自教"知识，提高家长培养幼儿自我保护能力的意识，共同帮助幼儿养成自我保护的安全意识。家长在日常生活中应注意对幼儿生活细节的训练，在家中教导孩子什么能做、什么不能做，让孩子了解"安全""自救"的知识，自己的事情尽量自己做，在实践过程中建立良好的生活习惯和动手技能，尽量避免安全事故的发生。

总之，幼儿园安全教育工作是重中之重，幼儿园教师和家长要共同努力，积极配合，形成教育合力，共同做好幼儿的安全教育工作，保证幼儿安全健康地成长。

第五节

幼儿园卫生保健管理

关心和注重每个孩子的健康成长，是每个家长的共同心愿，也是幼儿园的首要职责。《纲要》中指出：幼儿园必须把保护幼儿的生命和促进幼儿的健康放在教育工作的首位。所以，幼儿园必须树立人人都是教育者，个个都是管理员的主人翁意识，全面贯彻落实"人性化教育、亲情化服务、个性化发展"的服务理念，抓好日常工作管理，坚持贯彻"预防为主"的方针，对疾病与事故做到防患于未然。同时，幼儿园要实行保教结合、保健与教育并重的原则，注重规范化管理，加强幼儿体格锻炼，进行健康教育，保证幼儿身体健康，促进生长发育。

一、保育员分层次管理

对有经验的保育员要有重点地管，对新手保育员要教给他们做保育工作的技巧。可以让新老保育员结对子，探讨保育工作的新路子。

定期组织他们进行思想修养方面的学习，注意对他们进行岗位培训、业务技能比赛等，如梳辫子比赛，保育员通过比赛不仅提高了服务意识，还提高了服务技能，培养对幼教的无私奉献精神。同时，坚持制度化管理，组织他们学习了各项卫生保健的规章制度，定期召开由园领导、炊事员及保教人员组成的膳管会议。做到个个职责明确，各司其职。平时注重随机检查，发现问题及时解决。

二、物品摆放规范化管理

习惯对于每个人来说都是受益终身的。物品摆放整齐的好习惯是幼儿园习惯养成的目标之一。老师应从自己做起，为幼儿树立榜样，带动幼儿养成好习惯。

所有班级物品摆放要求统一化，"从哪儿拿放哪儿去"，班级教师用品、教学资料、各类记录、幼儿学习资料、玩教具、卫生用品等摆放位置逐步标签化。

按照材料的功能与性质对材料分类，每个班级可有数学区、语言区、科学区、美工区等若干个学习区，同一个区域应采取同类标志。学习区材料托盘、置物篮或材料本身所贴的标志与学习柜上的标志对应。这样设计的目的是让幼儿知道应该在哪里取用，用完放回何处。因此，只要是幼儿可以接受的标志标签或方便取放的位置都可以。

除注意室内环境的整洁外，还要注意特殊物品的标志，如拖把要有干湿两种，并分开放置。活动室和厕所用的拖把都要分开放置并有明确的标志。

不同班级、年级需根据幼儿发展目标和现有的知识接受水平采取不同的标志来进行分类。小班可采用幼儿常见的动物、水果、物品、颜色、家庭人物、常见建筑物，甚至广为人知的动画片角色；中班可以采用数字、材料本身的缩略图、影子配对、幼儿表征图等；大班可以采用形状、图形渐变、大小渐变、箭头指向等。

同一学习区材料集中存放于一处，不同学习区使用不同存储方式，同一学习区尽量采取同一存储方式。根据幼儿年龄采用不同标志，包括图案配对、动物配对、数字配对、材料本身的图片文字配对或两两结合等标志。设计目标：幼儿根据名称、标志，自主取放材料；培养幼儿良好的整理收纳习惯。

学习区的材料通过有名有家、集中存放，让幼儿学会自主取放，因此只要是能让幼儿明白如何取放材料的标志均可，如动物、植物、动画片角色、颜色、形状、数字、汉字、物品的图片，甚至是幼儿自创的标志。

幼儿的成长档案有两色，男孩用蓝色，女孩用粉色；每一份成长档案均有与柜子相对应的图案，如菠萝。幼儿根据性别，找到对应的性别所属区域，再根据自己的姓名拿出成长档案袋；根据档案袋上的图案与柜子上的图案，一一对应将档案袋放回，这样便锻炼了幼儿自主取放、收纳的能力。

班级门外放置书包柜，幼儿进班前自己主动将书包放入标有自己姓名或贴有自己照片的书包格中。设计目的：幼儿进班前，根据自己的照片或姓名所指示的位置，放好自己的书包，促使幼儿自我服务与自我管理，培养幼儿对班级的归属感；秩序化的流程有利于避免拥挤、保证安全。

根据不同班级布局设置不同的排队线，指引幼儿有序排队喝水。幼儿饮水自理，且在人多的情况下，有序排队喝水。根据教室布局确定排队最多几人，用小脚印或其他标志表示排队限制人数，幼儿发现如果接水人数较多，则稍后再来接水喝；用标志表示接完水后幼儿该站在何处喝水，防止幼儿都拥挤在饮水机处。

管理规范化的执行力需要通过不定期对班级进行物品摆放抽查。抽查内容包括茶水桶、毛巾架、幼儿衣物架、幼儿学习用品、书本、班级清洁工具、电脑桌、钢琴、幼儿桌椅、玩具柜、植物架、走廊物品、教师私人物品等的摆放，促使人人养成好习惯，从而使孩子养成"从哪儿拿放哪儿去"的良好生活习惯。师生共同创设保持干净、整洁、漂亮的生活学习环境。

三、加强幼儿午睡的管理

幼儿园作息制度中的午睡，是保证孩子有充足的睡眠，利于孩子健康成长的措施之一。幼儿年龄越小，所需的睡眠时间越长。

不同年龄的睡眠时间为：3～4岁需要12小时，4～5岁需要11小时，5～6岁需要10小时。幼儿每天睡觉一般在两个时间：一个是夜晚一个是午睡，夜晚很重要，午睡也很重要。幼儿身体在发育之中，自晨至中午，由于参加集体教育活动和各种游戏活动，幼儿身体一定很疲劳，午睡尤其需要，午睡有益幼儿身心。午睡是幼儿一日生活中的重要环节。

从医学保健角度分析：幼儿睡眠时，身体各部位和脑及神经系统都在进行调节，氧和能量的消耗最少，利于消除疲劳，内分泌系统释放的生长激素比平时增加3倍，所以，睡眠的好坏直接影响着幼儿的生长发育、身体健康、学习状况。

根据幼儿的生理特点，在幼儿园一日生活中（上午8时—下午4时），在长达8小时的学习游戏过程中，安排2～2.5小时的午睡时间是非常必要的。

1. 睡前准备

（1）午睡的房间必须保持空气流通。寒冷季节保育员应在午睡前半小时关窗保持寝室温度，其他季节全天开窗通风。午睡前拉好窗帘，为幼儿创设一个良好的睡眠环境。

（2）根据季节及时更换幼儿被褥，为体弱儿和易生病的幼儿准备较厚的被褥。保教人员要相互配合，做好睡前的准备工作：保育员必须先清扫地上的垃圾，用半干的拖把拖净灰尘，待地板干燥后铺上小床。床铺不应有杂物（特别是一些有可能伤害儿童的物品，如别针、发夹等）。

（3）每个幼儿的床铺、被褥、枕头均有统一标志，保证寝具专人专用。床铺的标志在床体右上角，标志清晰；被褥、枕头均绣有幼儿姓名，便于教师、幼儿分辨。

（4）合理安排幼儿午睡的床位，体弱的幼儿应安排在背风处，体质较好、怕热的幼儿可安排在通风处（但不能吹过堂风）。易尿床和活泼好动、爱说话的幼儿睡在教师照顾得到的地方，咳嗽的幼儿最好与其他幼儿有一定的距离。全体幼儿头脚交叉睡。

（5）组织幼儿散步、听音乐、听故事或儿歌等安静的活动，不宜让儿童做活动量大的游戏，以保证幼儿安静入睡。

（6）检查幼儿口腔内是否有食物残渣，督促幼儿饭后漱口。

（7）提醒幼儿睡前小便，不带发卡、玩具等物品入寝室。值日生摘下值日生牌。

（8）做好睡前的教育工作，每天针对午睡保育目标提出相应要求。

2. 睡间管理

（1）提示并指导幼儿先将鞋袜整齐地摆放在床下，将外衣、外裤按要求分别叠放整齐，并放置在固定位置（衣服放在裤子上面，这样穿衣时方便）。

（2）幼儿睡间起床小便时，为幼儿准备好小拖鞋，春秋季应准备背心，冬季准备棉背心，以防幼儿感冒。

（3）按小组分批入睡，教师每天提醒幼儿右侧卧躺下，及时帮助幼儿纠正不良的睡姿。特别注意幼儿不能蒙头睡，帮助其拉下被子，起床后及时进行教育。

（4）对一时不能入睡的幼儿可用面部表情和手势提示，或轻轻抚摸劝慰，让幼儿体会教师的爱和要求，引导其入睡。

（5）如保育员看班，教师应及时做好交接班工作，详细说明应特别关注的情况。

（6）当班老师不能擅离班级，做好每十五分钟一次的巡回检查，保证在第一时间以最快速度到达发生意外的幼儿处。

（7）及时检查幼儿是否有异常情况发生，天冷时特别注意盖好被子，夏天为多汗的幼儿擦掉头上、颈部的汗。

（8）值班人员动作轻盈，说话轻声，保持寝室安静，并加强午睡观察，特别是对于发烧吃药的幼儿，及时做好午睡观察记录。

（9）个别护理：

对体弱儿要多加关心，可让其先入睡，睡前可在多汗的幼儿的背部垫上干毛巾，汗湿的毛巾要及时拿掉。

让易哭吵的幼儿最后入睡，对个别入睡难的幼儿应随时调整教育策略，可让其晚睡或早起。

咳嗽的幼儿如难以入睡，教师应提醒幼儿喝水，并及时提醒其小便。

对于尿多、睡前喝药的幼儿，教师应提醒其小便，防止尿床。若幼儿入厕时间超过两分钟，教师应去盥洗室查看原因。小班幼儿小便应由教师跟随。

采取分区照看，值班人员尽量靠近入睡难、生病，吃药的幼儿，有利于观察。

3. 起床管理

（1）在幼儿起床前关好窗户，以免幼儿着凉。夏天也要避免幼儿吹对流风。

（2）教师可用播放轻音乐、故事等多种手段叫醒幼儿，可分批起床，对个别起床难的幼儿应到其身边轻拍，将其轻声唤醒。

（3）夏冬季节，起床前活动室应提前20分钟开空调，调整温差。

（4）穿衣服时，幼儿应先坐在被窝里穿上衣，再起身穿裤子，防止感冒。

（5）有秩序地组织幼儿起床，教师应检查幼儿衣服、鞋袜，避免出现穿反鞋、穿错衣裤、不穿袜子的情况。

（6）幼儿起床后教师要做好午检，摸幼儿额头试温，观察其精神状态和其检查身体情况，根据当日气温给幼儿增减衣服，及时组织幼儿分批入厕。

（7）起床后让每个幼儿喝一大杯水，补充水分。

睡后整理：

（1）在幼儿全部穿好衣服后，一位教师协同保育员将幼儿床铺整理好。床面整齐无皱折，幼儿枕头全部放在床的右面。

（2）起床后，一名教师组织幼儿活动，另外一名教师给女孩梳头。

（3）幼儿全部离开后清理寝室卫生，保持空气流通。

值日行政人员要进行抽查各班幼儿睡姿、盖被、幼儿换拖鞋、午睡前幼儿脱掉的衣服摆放有序、午睡率的情况，增强教师管理午睡的责任心，保证幼儿身体健康。

四、加强监督检查与指导

保健员和相关领导对室内外卫生进行严格把关，保健员每天要巡视两次各班岗的卫生状况，对检查发现的问题及时指出，并督促教师改正。检查结果进行公开，与工作质量量化挂钩。

幼儿园要坚持开展定期检查，把重心放在随机检查上，同时加大检查的密度，特别是做到了检查有记录，查中有指导，指出问题复查促提高，对幼儿个人卫生和班级卫生检查进行评比，让每次一监督检查都成了促进教师或幼儿发展的契机；同时，幼儿园要注重加强食堂管理，严把炊事员购买关，挑选新鲜的荤素菜，每天过称检查，发现不符合卫生要求的及时退换。

尤其是手足口病流行期间，幼儿园要更加严格执行环境卫生制度，坚持每天一小扫，每周一大扫；严格执行消毒制度，做好日常消毒和防病隔离工作，做到餐具毛巾天天消毒，活动室、午睡室每天进行紫外线消毒，玩具、图书定期消毒。在春季传染病多发季节，幼儿园要严格采取隔离消毒措施，被褥一周晒一次，一个月清洗一次。

五、执行幼儿晨检及评价

严格执行晨检制度，热情接待每一个幼儿，使幼儿从开学初对医生的畏惧转变为亲和。晨检时注重"看""摸""问"，发现问题及时处理，并做好记录，确保每天出入园的幼儿身体健康。及时掌握生病幼儿的情况，晨检后反馈到班级，使带班教师可以对生病的儿童进行特殊护理，保育员也可以加强保育工作，做好全日观察。在预防肠道传染病期间，积极采取有效措施，确保幼儿园的零发病率。

六、加强幼儿身体锻炼的原则与方法

《纲要》指出：幼儿园的教育内容是全面的、启蒙的，其中最基础、最重要的就是健康，还明确提出：体育是促进幼儿全面发展的重要手段，开展丰富多彩的体育活动，用幼儿感兴趣的方式发展基本动作，培养幼儿良好的意志品质、个性品质，使他们在快乐的童年生活中获得有益于身心发展的经验，培养幼儿对体育活动的兴趣，增强动作的协调性和灵活性，是体育锻炼的主要目标。

1. 体育活动在幼儿园教学中的现状

体育是幼儿教育诸育之首。一个人的身体素质是其他素质的自然载体，要想提高全民族的身体素质，必须从娃娃抓起，重视幼儿的身心健康成长。因此，在幼儿园的各种教育教学活动中，体育活动是一项重要的基本活动，然而，由于主观上认识不足，客观上受活动内容、形式、器材等各方面因素的影响，体育活动不仅未能充分开展，也未能充分发挥其教育功能。幼儿园开展体育活动时，常常出现充当"观众"的幼儿多，排队等待的时间长，练习密度与运动量不足，等等现象。同时，幼儿园在进行体育教学活动时，忽略了传统的教学方式，直接以游戏法取代，就游戏论游戏，使体育当中的技能技巧及基本动作，不能得到正确锻炼，混淆了活动与游戏的概念，忽视体育活动的诸多教育功能。不少教师不愿意组织体育活动，甚至认为组织幼儿体育活动是一种负担。

2. 体育活动在幼儿园教学中的作用

幼儿园体育活动是遵循幼儿的生长发育规律和身体活动的规律，以幼儿为活动主体，以身体练习为基本手段，促进幼儿身体的正常发育和机能的协调发展，增强体质，发展智力，培养良好的道德和个性品质的一种教育活动。幼儿体育活动内容包括身体基本技能、基本体操练习、提高身体素质练习等方面。幼儿园如果没有真正的体育教学，就不可能有丰富多彩的体育活动；没有规范的基本动作和基本技能的体育活动，就不可能有效地促进幼儿身体的发展。所以，幼儿园必须加强体育教学和体育活动，从而使幼儿在摄取合理的营养外，让其身体也得到充分的发展，为幼儿今后的发展打下良好的基础。而目前幼儿园的体育活动几乎都是以幼儿兴趣为重，只要幼儿玩得高兴，根本就不存在所谓规范的体育教学。近几年，幼儿园小胖子比比皆是，孩子宁愿守着游戏机也不愿意动一动。产生这一现象的重要的原因是多数教师不善于组织幼儿体育活动。

3. 组织幼儿体育活动的原则

要体现以幼儿发展为本的教育理念，让幼儿身体的各项机能得到充分的发展，就必须以一定的身体练习为手段，以一定的基本技能为载体，幼儿要掌握一定的基本技能与体育教学是分不开的。

首先，在组织幼儿体育活动时，要注意坚持面向全体幼儿的原则。在活动中，要充分考虑幼儿的年龄特征，活动内容要适合幼儿动作发展水平，要考虑到活动量与练习密度的要求。如果活动量过小，练习密度不足，幼儿身体各部分得不到充分的活动，就达不到锻炼的目的；反之，运动量过大，练习密度过高，超过幼儿部分器官所能承受的负荷，显然也是不妥当的。目前相当一部分幼儿园体育教学都是重基本动作的练习，轻身体素质的培养，教师基于安全事故的考虑，往往不敢采用强度大、危险性高的活动内容，从而使幼儿失去"跳一跳、够得着"的乐趣，失去迎接挑战和困难的锻炼机会。尤其是男孩子，在活动过程中得不到足够的"宣泄"，既影响了锻炼身体的效果，也对幼儿心理素质的培养不利。因此，教师在组织体育活动时一定要采用科学的方法、适中的活动量。

其次，在组织幼儿体育活动时，要注意掌握照顾个体差异的原则。在体育活动中，除了考虑幼儿的年龄特点以外，还要考虑幼儿的个体差异，因为幼儿的健康状况、体质、活动能力都有所不同。有的幼儿活泼健壮、动作敏捷，有的幼儿胆小体弱、动作迟缓。只有考虑到幼儿的个体差异，为他们提供适宜的活动内容，使其既满足幼儿的"最近发展区"又充满了趣味性及挑战性，使每个幼儿都有锻炼的机会，在各自原有的基础上都有所提高，促进其身体机能的协调发展。

最后，注意坚持发挥体育活动的社会性功能原则。在体育活动中，我们往往只重视传授粗浅的活动知识和技能，而忽视了体育的社会性功能，特别是体育活动在幼儿个性培养中的独特作用。要注重培养幼儿对体育活动的兴趣，把积极参加体育锻炼的习惯和培养活泼、开朗、勇敢、克服困难、遵守纪律等良好的心理品质结合起来，使幼儿精神集中、镇定、动作协调、定位准确，培养幼儿的自制能力，集体意识和自信心，充分发挥体育活动的社会性教育功能。

4. 组织幼儿体育活动的方法

（1）传统体育教学法：以幼儿掌握运动技术为主要目标，保证基础知识、基本技能的传授，通常以教师为中心，是以往形成并延续下来的具有一定特点或理论体系的教学方法。因为是以教师为主，所以在教学业务、道德品质等各方面对教师提出了很高的要求。传统体育教学强调集体教育活动，促使幼儿全面发展；区别对待各年龄段幼儿身心发展规律，有利于实施有的放矢的教育活动，从而幼儿掌握运动知识和技能的能力较强。但是，传统体育教学重视教师的主导作用而忽视发挥幼儿的主动性和积极性；只重视对幼儿进行运动知识的传播而忽视发展幼儿智力和创造力；只重视幼儿共性而忽略了个性，从而导致体育活动难于组织，教师在教学方法上死板、单调，乏幼儿感到枯燥无味，注意力难以集中。

（2）现代体育教学法：适应现代社会发展，以幼儿为中心，以发展幼儿的创新能力为出发点，全面挖掘、发展幼儿的潜力；体现以幼儿为本，注重幼儿的个性化学习，重视幼儿学习能力的培养，使幼儿能够在学习中体验到运动的乐趣，激发学习的积极性、主动性；增强幼儿的参与意识；教育形式游戏化；与多种学科相互渗透。但是，现代体育教学在着重培养幼儿的能力和创造精神的同时，使得体育活动游戏化，从而混淆游戏与体育的概念；重视形式的多样化，忽略基本动作、运动技能技巧的锻炼；教师的主导作用不能充分发挥，致使幼儿在体育活动中直接进入游戏状态，造成动作技能不能够正确发展；甚至有时幼儿排队等待的时间过长，练习密度与运动量不足；等等。

（3）体育锻炼与游戏相结合。传统的体育教学法与现代的体育教学法都存在一定的弊端，造成了幼儿园教师不愿意组织体育活动。那么，如何使二者结合起来，改革传统的教学方法，发展现代化教学手段，培养幼儿的能力和创造精神呢？

根据幼儿的年龄特点，做到动静交替，将集体活动与小组活动、个别活动相结合，幼儿一日生活的内容和时间安排做到既有限定又有弹性，保证幼儿在原有水平上都能得到发展。教师注重加强幼儿体育锻炼，利用周围环境中一切有利的自然因素，结合季节特点开展各项体育活动，以保证幼儿每天户外活动时间不少于两小时，户外体育活动不少于一小时。平时在室内注意开窗通风，保证室内空气清新洁净。

教师在组织体育活动时要充分挖掘体育教学、练习技能中所蕴涵的审美因素，让幼儿在锻炼的同时，得到韵律美的体验从而身心愉悦。游戏是幼儿的天性，教师通过采取寓教于乐的学方法，让幼儿在游戏中促进身体各种机能的协调发展，增强幼儿的自制力，提高参与游戏活动的热情。

注重幼儿个性特长的发展，获得全面和谐的发展。注重幼儿的个性，突出幼儿的主体性，注重幼儿参与教学过程的能动性和主动性，提倡幼儿进行创造性的学习，力争使幼儿的个性得到全面发展

总之，我们从幼儿的兴趣出发，从教育的需要出发，从实际条件出发，确保体育活动的有效实施，促进幼儿的全面发展。从小为幼儿塑造健康的体魄，让健康的心灵为幼儿一生的发展奠定基础。